MW01257941

PROFETAS
Y
PROFECÍA
PERSONAL
LA VOZ PROFÉTICA DE DIOS
HOY

DR. BILL HAMON

Todas las referencias bíblicas han sido tomadas de la versión Reina Valera revisión de 1960, a menos que sea espeificado de otra manera.
USO DE MAYÚSCULAS
El Dr. Hamon ha tomado a Prerrogativa Del Autor al usar letras mayúsculas en ciertas palabras que usualmente no las llevan conforme a la práctica normal de la gramática. Esto ha sido hecho con el propósito de hacer énfasis y dar claridad. Las palabras que hacen referencia a Iglesia/novia se han escrito en mayúscula debido a Su unión con la Deidad por medio de Jesucristo. En el capítulo dos la palabra profeta se ha escrito en negrilla para dar más énfasis.

PROFETAS Y PROFECÍA PERSONAL
La Voz Profética de Dios Hoy
(Spanish Translation of Prophets and Personal Prophecy)
© 2001 W.S. "Dr. Bill" Hamon
Impreso en los Estados Unidos de América
ISBN: 0-7684-2425-9

Productido Por:
PUBLICACIONES CHRISTIAN INTERNATIONAL
P.O. Box 9000
Santa Rosa Beach, FL. 32459 USA
Email: rhci@cimn.net
(850) 231-2600 ext. 507

Publicado Por:
Destiny Image
167 Walnut Bottom Road
Shippensburg, PA. 17257-0310 USA

Reservados todos los derechos. Prohibida la reproducción de esta obra sin la debida autorización por escrito del autor.

1 2 3 4 5 6 7 8 9 10 / 10 09 08 07 06

DEDICATORIA

Este libro es dedicado a la gran compañía de profetas que Dios está levantando en estos últimos días, a la multitud de cristianos que han oído la voz de Dios y desean ver realizada la palabra personal que han recibido, y a todos los pastores y líderes cristianos que necesitan guías para aconsejar a personas acerca de los profetas y la profecía personal.

AGRADECIMIENTO

Le agradezco profundamente a mi esposa, Evelyn, por animarme a terminar el libro y por su disposición de tomar un segundo lugar hasta que el libro fuese terminado, a la facultad, por haber seguido con el ministerio de CI mientras su presidente estaba escribiendo, y a los vasos obedientes que continuaron profetizando que el libro sería escrito.

DATOS ADICIONALES

Este libro fue escrito en inglés en el 1987. Desde entonces Dios ha cumplido la restauración de todos los dones ministeriales de Efesios 4: apóstol, profeta, evangelista, pastor y maestro.

El Doctor Hamon es el fundador y Director Apostólico de la Red de Ministerios Cristianos Internacionales. Él se ha desempeñado en el oficio de profeta durante unos 50 años de ministerio. Bill Hamon ha ministrado profecía personal a más de 42,000 personas, y los ministros que él ha entrenado han suministrado profecía personal a mas de un millón de personas, desde los niños más pequeños hasta presidentes de naciones.

CONTENIDO

PRÓLOGO

M e alegra saber que el libro *Profetas y Profecía Personal* está siendo publicado en español. Cuándo estuve como misionero en Bolivia durante los años cincuenta y sesenta, el ministerio de la profecía era casi totalmente desconocido en Latinoamérica. De hecho, yo no creía que los profetas modernos existían. Pensé que el oficio del profeta había cesado con la era apostólica. Otras partes del mundo, en ese tiempo, con la excepción de algunas regiones de África, estaban al igual que Latinoamérica. Fue sólo en los años ochenta que el don profético y el papel del profeta comenzó a ser reconocido ampliamente por el cuerpo de Cristo. Esto no quiere decir que no había profetas antes de los años ochenta. Dios a través de las edades le ha dado a la iglesia, los profetas. Mi amigo, Bill Hamon, ha sido uno de aquellos que ministraba como profeta aun mucho antes de los años ochenta, sufriendo criticas y reproche lo cual era inevitable en esos días. Su experiencia con la profecía es amplia y profunda. No conozco a otra persona que esté más capacitada para escribir un libro de texto sobre la profecía que Bill Hamon. Déjeme decirle lo que *Profetas y Profecía Personal* significan para mí personalmente. Fue solo a finales de los ochenta que finalmente me convencí que la profecía era para hoy. Fui muy terco y resistí lo más que pude. Era un profesor de seminario en ese tiempo y había sido entrenado a ser muy cauteloso. Pero eventualmente, a través de una serie de circunstancias, abrí mi mente a la realidad de la profecía. Al poco tiempo de haber experimentado por primera vez el ministerio de la profecía, me gustó lo que vi y deseaba más. Pero enfrentaba un problema. Mientras que prontamente reconocí que la profecía era bíblicamente válida y que se podía experimentar, todavía no la entendía muy bien. Ya que era estudioso, comencé a leer algunos libros y a desarrollar una biblioteca sobre la profecía. Pero tenía muchas preguntas que estos libros no satisfacían. Esto continuó por un tiempo hasta que oí de un profeta llamado Bill Hamon. Personas que parecían saber más sobre la profecía que yo, altamente respetaban a este hombre y ellos recomendaron sus libros. Esto es cómo oí por primera vez sobre *Profetas y Profecía Personal*, el libro que usted ahora tiene en sus manos. Cuando comencé a leer *Profetas y Profecía Personal*, la niebla que había opacado mi cerebro se aclaró. Cuando terminé, lo leí de nuevo, lo marqué, doblé las páginas y le puse sujetapapeles. Este libro aclaró el tema sobre la profecía. Hasta ahora, es el libro más importante que he leído sobre la profecía y estoy profundamente agradecido con Bill Hamon, mi amigo cercano por haberme traído a la luz. ¡Mi oración es que este libro lleve su ministerio a un nuevo nivel como lo hizo con el mío!

C. Peter Wagner
Canciller Instituto de Liderazgo Wagner

RECOMENDACIONES

Ed Silvoso: El Dr. Bill Hamon es uno de los lideres actuales más respetados. Su vida y ministerio ha influenciado a millones de personas. Su libro *Profetas y Profecía Personal*, es una obra clásica que presenta una perspectiva equilibrada y muy necesaria sobre un aspecto de doctrina difícil pero absolutamente fundamental.

Dr. Bill Brown: Jesucristo da dones a su Iglesia, el Dr. Bill Hamon es uno de esos dones. Él fluye en instrucción, edificación, consolación y dicernimiento profético para la madurez, unidad y crecimiento del Cuerpo de Cristo. El habla como uno que tiene un ministerio maduro, probado y ungido produciendo buen fruto para la gloria de Jesucristo y el reino de Dios.

Estoy agradecido a Dios por la estabilidad y el dicernimiento que tiene el Dr. Hamon dentro del ministerio profético y por la demostración de eficacia de la verdad profética en las vidas de miles de personas quienes han recibido una visión renovada, espíritu refrescado y libertad para seguir la dirección del Espíritu Santo de Dios. Conociéndole personalmente por muchos años yo puedo testificar que es buen ejemplo y practica lo predica.

El mensaje de Efesios 2:20, la Iglesia edificada sobre el fundamento de apóstoles y profetas es el movimiento arrasador del Espíritu Santo a través del mundo de hoy. *Profetas y Profecía Personal* sella este entendimiento dentro de los corazones de los creyentes para que el ejército de Dios pueda forjarse confiadamente, manifestando el reino de Dios en la tierra así como en el cielo.

Dr. Emanuele Cannistraci: La presentación de la **profecía personal** más completa y grandiosa que jamás se haya escrito. Millones de cristianos creen que Dios se ha comunicado con ellos y que el Espíritu Santo los ha dirigido. Los preceptos dados en este libro para reconocer y para relacionarnos a una palabra verdadera de parte de Dios son necesarios para aquellos que desean madurez espiritual.

Dr. Gary Greenwald: El Dr. Bill Hamon es uno de los profetas con más experiencia y uno de los más acertados en la Iglesia de hoy. Su ministerio fluye con amor divino y sabiduría. Él es el precursor y padre de muchos en la **compañía de profetas** de hoy. Las declaraciones de los profetas transformarán a la Iglesia de un valle de huesos secos a un ejército del Señor grandioso y unificado (Ez. 37).

Dra. Cindy Jacobs: El Dr. Bill Hamon es el padre del movimiento profético en América y en muchas naciones del mundo. Este libro es práctico y capacitará al mundo de habla hispana con el pleno conocimiento del don profético. Él es mi amigo y recomiendo altamente este libro.

Dr. Hector Torres: Este libro es como una Biblia para los profetas y el ministerio profético.

PREFACIO

La formación religiosa de Bill Hamon puede ser descrita como la de un "pagano Americano". En su temprana edad, ni sus padres ni ninguno de sus cuatros hermanos, iban a la iglesia. Viviendo en una finca de 160 acres en la parte rural de Oklahoma, él nunca había entrado a una iglesia. Pero todo cambió el 29 de Julio de 1950 — el día que cumplió los dieciséis años.

Bill había asistido por espacio de cuatro semanas a unas reuniones evangelísticas que se estaban llevando a cabo en un campo al sudeste de Oklahoma. Una noche al arrodillarse al lado de su cama él aceptó a Jesucristo como su Señor y Salvador. Dos noches después, pasó al frente por el "sendero de aserrín" entre las bancas hechas de viga de madera puesta sobre troncos recortados. En esa parte de la comunidad aún no había electricidad, así que las lámparas de petróleo colgaban de los postes que sostenían las ramas que hacían de techo. Un acordeón y varias guitarras estaban tocando mientras que los santos cantaban los coros de invitación.

Al llegar al frente, Bill se arrodilló ante el rústico altar de tabla y comenzó a orar. En pocos minutos él fue gloriosamente lleno del Espíritu Santo y comenzó a hablar en una lengua celestial.

Bill había comenzado su vida como cristiano y anduvo de esta manera por varios años antes de que el resto de su familia se convirtiera. Fue el primer fruto, pero en los siguientes diez años llevó al resto de su familia al Señor con excepción de su hermano mayor, que se convirtió mientras que Bill estaba en el colegio bíblico. Después de graduarse de la secundaria, Bill se mudó de su hogar y comenzó a vivir por su cuenta en una casa de huéspedes en Amarillo, Texas y a asistir a la Iglesia Independiente de Restauración. En Octubre de 1952, leyó un libro que declaraba que el creyente puede tener poder con Dios por medio del ayuno y la oración. El énfasis del libro sobre el valor del ayuno, y su propio celo por Dios, lo motivaron para ayunar siete días; él tenía un deseo ardiente de ser todo lo que Dios deseaba y quería que él fuera.

Al final de este ayuno de siete días, Bill todavía estaba pidiendo conocer el plan de Dios para su vida. Esta época de su vida era tan seria y traumática que escribió el clamor de su corazón, esperando poder algún día entender el porque estaba sintiéndose y pensando así. El 3 de Febrero de 1953, Bill escribió:

Voy a describir la forma como me siento y los pensamientos que continuamente vienen a mi mente desde que he estado ayunando y orando acerca de lo que el Señor Jesús quiere que yo haga. Cuando oro, siento que el Señor Jesús me ha llamado al ministerio, pero otra vez, no sé con seguridad. Quisiera conocer en forma cierta si él me ha llamado o no.

A veces me siento tan confundido, desanimado y abatido que no sé que hacer. Hay algo dentro de mí que me hace querer entrar al ministerio y trabajar para el Señor; pero luego me llega una gran incertidumbre acerca de que si esto es o no la voluntad del Señor. Pero aun si me fuera revelado que esto es su voluntad, ¿Cómo podría llegar a ser un ministro? No se como entrar en el ministerio. ¿Así que por qué estos pensamientos acerca de ser un ministro siguen viniendo a mi mente?

Puedo orar, pero me parece que no puedo obtener una respuesta definitiva. Algunas veces siento que debo olvidarme del ministerio, o tratar de convencerme a mismo que no he sido llamado a predicar. Tal vez debo continuar sirviendo al Señor y no preocuparme acerca de sí estoy llamado a predicar o no.

Pero entonces un deseo intenso llena mi corazón, con un gran anhelo de predicar la palabra de Dios y trabajar para Él. Me entristece y deprime el pensar que Dios no me haya llamado a servirle de la manera que él quiere. Creo que solo el tiempo y la paciencia al esperar en el Señor lo dirán todo. Sé que es lo que deseo, pero no tengo idea de como llevarlo a cabo, o si Dios quiere que se cumpla.

Para responder a sus preguntas, este joven no recibió una visita angelical, una voz del cielo, o un sueño. En lugar de eso, Dios envió a un profeta con una palabra profética. Bill había sido usado por Dios en varias ocasiones para dar palabra proféticas a la congregación, pero él nunca había visto una manifestación de profecía personal para un individuo. Así que él se sorprendió un poco cuando el profeta impuso las manos sobre él y profetizó.

He aquí dice el Señor, crecerás alto y ancho en el Señor. Testificarás a aquellos de tu misma edad y ellos te llamarán a un lugar separado, deseando conocer la Palabra de Dios. Esperarás en el Señor y él te dará revelación de Su Palabra. He aquí, veras sueños. El Señor tu Dios te está preparando para esa obra a la cual él te ha llamado hacer y para cumplir Su propósito y placer en ti. Por ahora permanece bajo el pastor con quien estás y enviaré al campo a los más maduros. Te enviaré en Mi tiempo, dice el Señor. Tú saldrás en la undécima hora dice el Señor.

Al fin encontró una vislumbre de esperanza. Era una palabra profética de dirección, y ánimo para que creyera que Dios tenía un lugar para él en Su plan y propósito, como ministro de Dios en la iglesia de Cristo.

Está fue la primera experiencia de Bill con la profecía personal. "Él se había emocionado y animado bastante, pero su mente analítica e inquisitiva tenía muchas preguntas. ¿Cómo sucedería esto? Él no tenía la herencia de una familia cristiana, y mucho menos una heredad de ministerio. Él no conocía a ningún ministro personalmente. Él no tenía idea de como alguien se convierte en ministro.

Antes de que Dios le hable a un individuo, Él ya tiene un plan, método, y circunstancias providenciales para que todo se cumpla en Su tiempo. Pero este joven de dieciocho años, que había sido cristiano por menos de tres años, no sabía que Dios podía llamar a un individuo personalmente desde su juventud para hacer una obra grande en sus años de madurez. Así que pasarían varios años antes de que el entendimiento y la seguridad fueran parte de su fe. Todo lo que él sabía en esa época era que él no tenía idea de como todo esto iba a suceder.

Sin embargo, siete meses después, por medio de la obra providencial de Dios, Bill estaba asistiendo a un instituto bíblico en Portland, Oregon. Allí, el Señor comenzó a enseñarle a este vaso escogido de Dios acerca del ministerio profético y a su vez estaba involucrándolo en él. Dios deseaba que él tuviera una base y una apreciación acerca del papel del profeta, la profecía personal, la imposición de manos y la profecía por medio del presbiterio. Unos treinta años después, Bill se levantaría como pionero y líder mundial en la restauración del oficio y ministerio del profeta en la iglesia de Cristo con todo el reconocimiento y autoridad.

Sin duda, en esos días de la restauración del presbiterio profético, nadie era llamado para ser ministrado a menos que dos cosas sucedieran. Primero, Dios tenía que hablar específica y enfáticamente acerca de que persona sería escogida, y todos los ministros del presbiterio profético tenían que estar de acuerdo. Segundo, el candidato que deseaba ministración del presbiterio profético tenía que ayunar un mínimo de tres días aun para sentarse en la sección donde los candidatos serían escogidos.

Un día, la facultad anunció que el presbiterio profético estaría disponible para aquellos que ayunaran tres días. Bill había estado ayunando por seis días, así que continuó por otros tres días. En la noches del Jueves 1 de Octubre de 1953, en el servicio especial, él fue llamado y cuando se acercó, se arrodilló frente a una silla mientras que cinco miembros de la facultad impusieron manos sobre él e hicieron estas declaraciones proféticas.

He aquí hijo mío, así como el Espíritu del Señor ardía en el corazón, en los huesos de mi siervo Jeremías, aun así el fuego arde y se consume dentro de tu corazón. Eres, como un caballo de guerra que ésta listo para ser desatado y salir adelante, porque tienes el mensaje en tu corazón y tienes una mirada fija y tu amor por Dios ha sido reconocido por medio del Espíritu del Señor.

No temas hijo mío, la mano del Señor reposa sobre ti y el manto de su poder ha venido sobre ti. He aquí, tu boca será rápida para hablar la palabra del Señor, y mientras hablas la declaración profética vendrá, y cuando abras tu boca para hablar la palabra del Señor, el Espíritu del Señor vendrá sobre ti con poder, y declararas: "Así dice el Señor". He aquí, te doy palabra de sabiduría y palabra de ciencia, he aquí verás cosas que ojos no han visto, y las declararás.

He aquí, hijo mío, tu corazón está lleno del amor de tu Dios y tu Dios se ha fijado en ti, y Él bendecirá tu alma y te capacitará y he aquí, correrás rápidamente, porque tu corazón está buscando a Dios, y el Señor conoce tu corazón. He aquí, busca al Señor, continua esperando mucho en él. He aquí, te hablaré en la noche. Te despertaré y te instruiré y abrirás tu boca y hablarás lo que el Señor te ha hablado a ti. *Aunque eres de corta edad, aun así Mi Espíritu te enseñará y tu sabiduría será evidente como la voz del Señor tu Dios.*

Así dice el Señor: "Te he guardado para mi propósito. Aunque no Me habías conocido, te guardé", porque, dice el Señor, eres un vaso escogido. He aquí te he escogido y te he llamado y has estado en la mano del Señor como un instrumento, y ahora, dice el Espíritu, el Señor pondrá en tus manos armas con las cuales podrás batallar. Porque el Señor no te enviará sin preparación, pero Él te protegerá con fe y te capacitará con Su Espíritu.

Porque conforme a la ocasión que se te presente, te levantarás y actuarás con fe, porque el Señor te concede la fe, aun la fe de Dios. No confiarás en tus propias fuerzas, porque serás fortalecido con la fuerza del Señor tu Dios. Así, que no temas, a causa de tu juventud, dice el Señor. Confía en el Señor tu Dios, porque en la hora de crisis Él te sostendrá, y en la hora de peligro, Él no te abandonará.

He aquí dice el Señor, irás a todo lugar que te envíe, y la palabra del Señor estará en tu boca. He aquí, dice el Señor, serás un ganador de almas, porque la compasión mora en ti, y a causa de la compasión que hay en tu corazón, tu fe saldrá y retará al enemigo. Los demonios huirán de ti y Satanás se rendirá a tus oraciones. La fe que obra en amor obrará poderosamente en ti, porque para este fin has sido llamado, dice el Señor.

He aquí, hijo mío, el Espíritu de revelación en el conocimiento de Dios reposará sobre ti poderosamente, y he aquí, la palabra del Señor fluirá de tus labios como aceite fresco, dice el Señor, y he aquí empuñarás la espada del señor sin temor. Ciertamente deposito liberación en tus manos, dice el Señor. Ciertamente tendrás un ministerio de liberación para los cautivos. Ciertamente tendrás un ministerio de llamar al pueblo, dice el Señor, y de reunir a Mi pueblo como un solo cuerpo, dice el Señor. Porque ciertamente Mi mano está sobre ti para que puedas levantar tu voz, como una trompeta para Mi pueblo, dice el Señor. Verdaderamente como la palabra del Señor ministra por medio de ti por revelación, Mis ovejas oirán Mi voz, dice el Señor, y verán que el Maestro les ha llamado.

He aquí, ¿no es este el día del Señor, que Él ha proclamado? He aquí, ¿no es este el día en que el Señor tu Dios se acerca a ti? He aquí ¿no es este el día en el cual saldrás en su fuerza y poder? No he dicho en Mi palabra concerniente a Mis propios Hijos, "Vosotros sois dioses", ¿y en estos últimos días no saldrán como dioses? Irás como dios con poder en tus manos, y ministrarás vida y fe a aquellos que están desolados. He aquí, serás un líder de líderes. He aquí, verás a multitudes acercarse a ti, porque serás como una luz en un monte alto. He aquí, habrá temor en los corazones de aquellos que te rodean, tu podrás pararte como uno lleno de valor, dice el Señor.

El 4 de Febrero — del año siguiente Bill fue ordenado al ministerio y a la edad de diecinueve años comenzó a pastorear su primera Iglesia. Hacía solo un año que él había tenido el dilema acerca de si Dios lo había llamado al ministerio, y si así fuera, cómo iba Dios a introducirlo al ministerio. Pero ahora, por medio de la palabra profética, el llamado de Dios y su ordenación habían ratificado que él había sido confirmado, activado y establecido en el ministerio.

Dos años después, Bill se casó con una joven de la iglesia, Evelyn Hixson. Yo era esa joven, y me convertí en la esposa del pastor a los dieciocho años. Los siguientes seis años trajeron como bendición a nuestros dos hijos y a una hija.

Mientras tanto, Dios sabía cual era el ministerio final que Él había ordenado para su vaso escogido, así que se aseguró que durante su ministerio Bill fuera expuesto al máximo a la verdad restaurada, y que tuviera experiencia con todos los cinco dones ministeriales. Él estuvo como pastor por seis años, evangelizó por tres años, enseño en un instituto bíblico por cinco años, y fundó y desarrolló la Escuela de Teología Cristiana que ahora tiene registrados a más de cuatro mil estudiantes con muchos de los graduados sirviendo en el ministerio por todo el mundo. Bill comenzó la Escuela del Espíritu Santo en 1979, y en 1982 comenzó conferencias y seminarios de profetas por los Estados Unidos y en muchos otros países. Él estableció la Escuela de Profetas para entrenar a los que son llamados al ministerio profético. Durante estos años él continuó su propia educación teológica, así obteniendo una Maestría en Teología, y posteriormente en 1973 una universidad nacional le honró con el título de Doctor en Divinidad.

Ya hace treinta y cinco años desde que Bill comenzó a profetizar, desde que recibió su primera profecía personal de parte de un profeta, la imposición de manos y la ordenación de parte de un presbiterio ministerial. Durante casi cuatro décadas, él ha impuesto sus manos sobre y ha profetizado personalmente a más de quince mil personas. Estos han incluido, pequeños de tierna edad a líderes de iglesias internacionales, desde agricultores a políticos, y profesionales de todos los campos de trabajo.

Como consecuencia de este constante dar, Bill ha cosechado de igual manera: Ha recibido de parte de otros una gran cantidad de profecías personales. Aquellas que fueron grabadas han sido escritas y puestas en un cuaderno que ahora consta de más de 600 páginas de texto doble y sencillo. Estas profecías consisten de más de 150,000 palabras que nos han sido dadas a los dos.

Estas palabras han sido profetizadas por ministros representando todos los dones de ascensión de los cinco ministerios, por recién convertidos, por ministros que han sido ordenados por más de cincuenta años, por hombres y mujeres, por jóvenes y ancianos. Estás han sido recibidas mientras hemos ministrado en casi todos los continentes del mundo, y en todos los lugares del mundo cristiano donde se le da la libertad al Espíritu Santo de expresar sus pensamientos a individuos. Estas palabras han provenido de Cristianos en iglesias de denominación Carismática, Iglesias Pentecostales clásicas, y diferentes "campos" o comunidades que se denominan como "restauración", "Carismáticos", "Fe", "Del Reino". Otras palabras han provenido también de organizaciones cristianas tales como "Full Gospel Businessmens' Fellowship International" (La Comunidad Internacional de Hombres de Negocio del Evangelio Completo), "Women's Aglow" (mujeres resplandecientes); de grupos de ministerios especiales como Teen Challenge (Desafió a Adolescentes), y los Ministerios Maranata.

Lo más asombroso de esto, es que de estas miles de palabra proféticas, dadas por medio de cientos de personas, de todas partes del mundo, por un período de treinta y cinco años, no ha habido ninguna contradicción sobre el oficio y llamado de Bill como profeta.

En estos últimos cinco años, cerca de quince profecías han hablado sobre la función apostólica que ha sido añadida al don de ascensión del oficio de profeta. El Espíritu Santo dijo que este había sido dado para que él fuera un pionero, y así establecer y tomar la responsabilidad paterna de la restauración y propagación del oficio de profeta. Así que con razón él ha tenido la carga de escribir acerca del profeta en todos los niveles y esferas del ministerio profético. Este libro será el primero de varios.

A medida que usted lee, se dará cuenta que las verdades y principios presentados en este tomo no han sido aprendidos solo leyendo libros y haciendo investigaciones. Esto también incluye la realidad y las verdades que Bill ha aprendido en los últimos treinta cinco años de estar al frente del ministerio profético. Estas guías para recibir, entender y cumplir una palabra verdadera del Señor son muy importantes para todos aquellos que creen que Dios todavía le habla a individuos hoy en día. Estoy firmemente convencida que no hay otro libro escrito que provea el discernimiento crítico y el conocimiento de la naturaleza de la profecía personal. Le pido al Señor que este libro abra nuevas puertas de ministerio y de bendición en la vida de todo aquel que lo lee, estudia y aplica fielmente.

—*Evelyn Hamon*

1

Dios Desea Communicarse

Nuestro Dios es un Dios personal. Él desea una relación íntima con cada persona, más que una relación distante con la raza humana. Cuando Adán y Eva conformaban toda la humanidad, el Todopoderoso hablaba y caminaba con ellos. Sin embargo, desde que el pecado opacó los oídos para escuchar y los ojos para ver a Dios, Él no ha podido comunicarse directamente con cada individuo. La raza humana no desea comunión con Dios y no es lo suficientemente sensible como para oír Su voz.

Los Profetas — Canales de Comunicación de Dios. Por esa razón, Dios ha tenido que encontrar individuos con quienes Él se pueda comunicar personalmente, y entonces por medio de ellos poder hablarle al resto de la humanidad. A través de las edades, Él ha levantado a personas especiales llamadas patriarcas y profetas para que fueran sus voceros para la humanidad. En la plenitud del tiempo, Dios nos habló en la persona de Jesucristo (He. 1:1–2), quien era el mismo Dios manifestado en carne (1 Ti. 3:16), la total y completa expresión del Dios mismo. (Col. 2:9).

Jesús — Dios en Forma Humana. Jesús era los pensamientos del cielo, palabras, principios, planes, y patrón de vida hecho visual y manifestado verbalmente en la tierra. Los profetas, del Antiguo Testamento, habían profetizado en parte, con frecuencia hablando palabras que ellos mismos no entendían en su totalidad, Jesús era más que un profeta. Él entendía completamente y expresaba a Su Padre celestial, declarando todo el consejo de Dios. Él era la más completa revelación de la gloria de Dios y la más grande expresión de su personalidad que ha tomado lugar en la eternidad.

Jesús rasgó el velo que nos impedía ver a Dios, y quitó nuestra sordera. Él abrió el camino para que Dios viniera y habitara personalmente en cada individuo. Cuando una persona nace de nuevo por la sangre de Jesús y es llena del Espíritu Santo, ese cuerpo individual de hecho se convierte en un templo de Dios, un lugar donde el Todopoderoso puede habitar (1 Co. 6:19). Estos cuerpos son entonces unidos como una casa espiritual donde la plenitud del Señor puede habitar (Ef. 2:19–22).

Jesús — El Prototipo de Una Nueva Raza. Esto es posible porque Jesús el Dios-Hombre fue el comienzo de una nueva raza de seres creados por Dios. Cristo Jesús fue el primogénito entre muchos hermanos, el prototipo de toda una nueva creación en Cristo quienes serían como Él, siendo conformados a Su misma imagen y semejanza. Ese cuerpo humano de Jesús, conteniendo la plenitud de la deidad, fue crucificado, enterrado, resucitado, y con un cuerpo inmortal aun está siendo lleno de la plenitud de Dios, y es la cabeza de los miles de millones de hombres y mujeres redimidos que hacen parte de la Iglesia.

La Biblia — Dios en Forma Escrita. Después de que Jesús ascendió en su cuerpo, el mundo no ha podido ver más la plenitud de Dios en carne, pero Jesús, nos envió al Espíritu Santo, y por medio del Espíritu se escribieron en la Biblia las reglas y normas por medio de las cuales Dios puede ser conocido y entendido. Conocido correctamente en su dimensión total, la Escritura es suficiente para darnos el conocimiento de todo lo que necesitamos ser en nuestra vida mortal y en la eternidad. La Biblia es ahora la revelación de

Dios y las Sagradas Escrituras es todo lo que la iglesia mortal necesita para llevar a cabo toda la voluntad de Dios.

El Profeta — El Portavoz de Dios. Hoy, Dios desea caminar y hablar con nosotros en una forma individual, personal, y en una relación íntima por medio de la Biblia y del Espíritu Santo. Aun así no todos los cristianos saben cómo reconocer la voz del Señor. Aun cuando ellos pueden reconocerla, muchos no saben como responder a ella para así cumplirla. De ésta manera, y de muchas otras formas, ningún individuo es autosuficiente en su relación con Dios; todos necesitamos las otras partes del cuerpo de Cristo. Así que Dios ha establecido en el cuerpo el ministerio del Profeta como una voz especial; Él ha establecido el don de profecía como Su voz en medio de la congregación, Y nos ha enviado el espíritu de profecía para dar testimonio de Jesús por todo el mundo.

La Profecía — La Voz del Espíritu Santo. La venida del Espíritu Santo, el nacimiento de la iglesia, y la publicación de la Biblia no eliminó la necesidad de la voz profética del Señor; de hecho, intensificó está necesidad. Pedro insistió que el profeta Joel estaba hablando de la era de la iglesia cuando proclamó: "Derramaré de mi Espíritu sobre toda carne, y vuestros hijos y vuestras hijas Profetizarán" (Hech. 2:17). Pablo enfatizó esta verdad cuando le dijo a la iglesia de Corinto "Procurad Profetizar" (1Co. 14:39; Ef. 4:11).

Dios todavía quiere que la revelación de su voluntad sea proclamada, así que, ha establecido el ministerio profético como una voz de revelación e iluminación la cual revelará la mente de Cristo a la raza humana. El también usa este ministerio para dar instrucciones específicas a individuos concerniente a Su voluntad personal para sus vidas.

El Ministerio del Profeta — Para Iluminar no para Añadir. El ministerio del profeta no es, por supuesto, para añadir o para sustraer de la Biblia. Cualquier adición nueva aceptada como infaliblemente inspirada podría ser un engaño, documentación falsa que podría contener errores que llevarían a la condenación. En lugar de esto, el profeta trae iluminación e instrucciones específicas sobre lo que ya ha sido escrito. El don de profecía del Espíritu Santo por medio de los santos es para traer edificación, exhortación y consolación a la Iglesia (1 Co. 14:3).

La Profecía Personal Trae Confirmación y Testimonio. El orden divino de Dios para la comunicación con el hombre, es el Espíritu Santo susurrando los pensamientos de Cristo en el corazón del cristiano. Pero lo que el individuo ha sentido en su espíritu debe ser confirmado: El consejo de Dios es que cada palabra necesita tener el testimonio y debe ser confirmada en la boca de dos o tres testigos (2 Co. 13:1). Este es un papel importante que puede ser llevado a cabo por la voz profética.

Obviamente, la profecía personal nunca debe convertirse en un sustituto de la responsabilidad del individuo y el privilegio de escuchar la voz de Dios por sí mismo. Dios es un Dios celoso, y no se complace cuando permitimos que cualquier cosa obstaculice una relación íntima y una comunicación personal con Él, aun si el obstáculo proviene del ministerio que Dios mismo ha ordenado. ¡La profecía personal no debe tomar el lugar de nuestra responsabilidad de ayunar, orar, y buscar a Dios hasta que oigamos del cielo por nosotros mismos!

A la misma vez, muchas personas no pueden oír, o no toman el tiempo para escuchar, lo que Dios quiere decirles. Dios, usualmente desea más ansiosamente hablarnos que nosotros de escucharle, pero Él no siempre irrumpirá nuestros horarios tan ocupados, tratando de gritar para sobre pasar el ruido de la televisión, o nuestras pláticas sociales, (aunque ocasionalmente él podrá tener nuestra atención cuando estamos durmiendo). Cuando esto sucede, el señor con frecuencia usa la voz del profeta para hablarle a individuos, congregaciones, y naciones. Su mayor deseo es que Sus hijos tengan momentos específicos en el cuál esperan en Él hasta que la mente, emociones, y voluntad se hayan aclarado lo suficiente para que Él pueda comunicar lo que hay en Su corazón y mente claramente.

Principios Proféticos Probados. Por treinta y cinco años, he estado involucrado en el ministerio profético al Cuerpo de Cristo. Este libro, es el primero de una serie sobre el tema de la profecía, se basa en muchos años de experiencia para ofrecer conocimiento a los cristianos que desean entender más acerca de este tema. No es primordialmente una justificación teológica o bíblica de la autenticidad de la profecía en nuestros días; otro libro tratará este tema. Este tomo, es un libro práctico para aquellos que están convencidos de que los profetas operan en la Iglesia de hoy, aquellos que han recibido una profecía personal, y que desean responder apropiadamente y en forma fructífera a lo que Dios les está diciendo.

Consejería Pastoral Sobre la Profecía Personal. Estás páginas también servirán como un recurso importante para aquellos pastores y ancianos que pasan horas aconsejando a personas que creen que han recibido una palabra verdadera de parte del Señor. Estoy consciente de que aun las profecías verdaderas, si no se entienden o se responde correctamente, pueden causar gran confusión y provocar decisiones equivocadas entre cristianos inmaduros, sin compromiso, o bíblicamente analfabetas. Mucho peor, entonces, son los estragos, creados por las profecías falsas, las cuales requieren horas de consejería pastoral para resolver los problemas y sanar las heridas resultantes.

Los pastores que enfrentan tales situaciones tienen mi simpatía y compasión. Espero que las verdades expresadas en este libro les ayuden a dar consejos sabios a todos aquellos que en sus congregaciones han recibido profecías personales. Espero también que tengan en mente que la solución divina para los problemas de la profecía personal no es la de aislar a los santos de esto, ni desanimarles a que busquen a Dios personalmente sobre sus necesidades específicas. En lugar de esto, la estrategia bíblica es la de entrenarles para que disciernan lo que es verdad, y cómo responder correctamente a una palabra verdadera de parte del Señor.

Los Profetas ya Vienen — ¡Prepárense! Creo que este es el tiempo en que Dios está levantando una multitud de profetas que han sido escogidos y ungidos — honestos, verdaderos, entrenados y que con sus experiencias han adquirido madurez. Mezclados entre estos se encontrarán aquellos profetas que son ignorantes, inmaduros y aun falsos. No habrá lugar donde esconder a los santos de éstos, ya que en nuestros días los medios de comunicación llegan a cada hogar. Así que la única salvación verdadera de los engaños del enemigo será que los santos sean expuestos en forma apropiada y con propósito a los verdaderos profetas. Ellos deben aprender a discernir lo verdadero de lo falso, y ser entrenados en como responder.

Restauración o Devastación. En el arsenal de Dios y en el ministerio, pocos dones, creo tienen tan gran potencial de traer bendición o causar devastación como lo es la profecía. Así como el rayo láser, ésta puede ser usada para traer vida, sanidad y restauración; o confusión, destrucción o muerte. La profecía no es un juguete. Dios no la ha otorgado solamente para satisfacer al curioso. Es un químico volátil en el laboratorio de Dios, que debe ser manejado por manos experimentadas y usada bajo supervisión adecuada. Mi oración es que este libro sirva como un manual de laboratorio para la preparación y capacitación de ministros y santos que puedan entender la profecía y el ministerio del profeta correctamente.

2

LOS PROPÓSITOS DE DIOS PARA LOS PROFETAS

LOS PROFETAS TIENEN UN LUGAR ESPECIAL EN EL CORAZÓN DE DIOS

El ministerio **profético** es uno de los ministerios más cercanos y allegados al corazón de Dios. El ministerio **profético** y la voz del **profeta** fueron establecidos como el método primordial de Dios de comunicación con Su creación humana en el planeta tierra. Era la unción del **profeta** sobre los patriarcas lo que capacitó a Adán, Enoc, Noé, Abraham, Isaac, Jacob, Moisés y otros para predecir los eventos futuros, para recibir instrucción de Dios sobre las nuevas cosas que Dios deseaba hacer, para declarar el futuro profético de sus descendientes, para recibir revelación de Dios acerca de como liberar a Su pueblo de la esclavitud y para edificar el tabernáculo como habitación de Dios. El **profeta** era el contacto verbal de Dios con Su pueblo escogido. Jehová no le hablaba al rey o al pueblo a menos que fuera por medio de Sus **profetas**. Casi todos los libros del Antiguo Testamento fueron escritos por los **profetas**.

Los Profetas Participan en Todos los Planes y Propósitos de Dios. Los **profetas** fueron quienes predijeron y prepararon el camino para la venida del Mesías. Fue un **profeta**, primo natural del Mesías, quien preparó el camino para el ministerio del Hijo de Dios. Dios revela Sus secretos a Sus siervos, los **profetas**. Él revela por Su Espíritu los misterios de Sus propósitos eternos para la Iglesia, a Sus apóstoles y **profetas**. Los **Profetas** fueron un ministerio importante en la fundación de la Iglesia de Cristo. Ellos eran las voces que daban dirección divina a la Iglesia primitiva en sus años de formación. El oficio del **profeta** ha sido la voz de Dios a través de la Iglesia para traer arrepentimiento, reforma y restauración a Su pueblo durante "los tiempos de refrigerio" que han sido predestinados por Dios. (Amos 3:7; Ef. 2:19, 3:5; Hech. 3:21).

El **profeta** forma parte de uno de los cinco ministerios que Cristo Jesús dio para perfeccionar a Sus santos y para llevar a Su Iglesia a la madurez. El libro de Apocalipsis declara que los **profetas** son los instrumentos de Dios para ejecutar sus juicios. Cuando el séptimo ángel comience a tocar su trompeta, el misterio de Dios será terminado, así como Él lo ha declarado a sus siervos, los profetas. El **profeta** y el ministerio profético, ha sido y continuará activamente en cada era según la dispensación de los tratos de Dios con el hombre. Adán le profetizó a su esposa en el jardín del Edén antes de la caída del hombre. Los apóstoles y profetas estarán presentes en la caída de Babilonia, esa grande y malvada ciudad culpable de derramar la sangre de los profetas y los santos (Ef. 4:11–13; Ap. 10:7, 11:10, 18:20).

Los Profetas Son Especiales y Preciosos Ante Dios. Los **profetas** son especiales y Preciosos para Dios. Si, los **profetas** están muy cerca del corazón de Dios y son muy apreciados por Él. Ellos son una parte integral de lo que Dios está haciendo en la tierra; no desaparecieron en la dispensación, ni son parte de una base que no funciona, al contrario son un elemento importante de todo lo que Dios ha hecho y hará en su plan eterno para el hombre. Dios ama a Sus **profetas** verdaderos. Él demuestra un orgullo e interés especial en Sus **profetas**. Es el único ministerio del cual él hace esta enfática declaración "No hagáis daño a mis profetas." Aquel que maldice a uno de los verdaderos profetas cae en el juicio de Dios, y aquel que bendice a un **profeta** en el nombre de un **profeta** recibe la misma recompensa que Dios le da a ese **profeta**. "Y a unos puso Dios en la Iglesia....**profetas**." Él dice "Cree en sus **profetas**, y seréis prosperados, (Sal. 105:15; Mt. 10:41; 1 Co.12:28; 2 Cr. 20:20).

Dios es muy sensible acerca de sus **profetas**. El tocar a uno de Sus **profetas** es tocar la niña de Sus ojos. Rechazar a los **profetas** de Dios es rechazar a Dios. Dejar de reconocer a los **profetas**, o no permitirles hablar, es negarle a Dios el permiso de comunicarse.

Jesús, en su ministerio terrenal funcionó como **profeta,** y ha dado este ministerio de **profeta**, a los hombres. Jesús todavía desea seguir funcionando como **profeta** en la iglesia. Aceptar y apreciar el ministerio del **profeta** es aceptar y apreciar a Jesús, el **profeta**. El no hacerlo significa despreciar el ministerio de Jesús a su Iglesia.

Una de las razones por las cuales Jesús se deleita en la restauración del ministerio del **profeta** es porque este ministerio es muy querido y cercano a su corazón. La Restauración del **Profeta** en la Iglesia deja en libertad a Cristo para que él se exprese en forma más completa a Su Iglesia y al mundo. Jesús está envuelto personalmente en la restauración del **profeta** para que este tenga un completo reconocimiento, posición y ministerio (1 Sam. 8:7; De. 18:15; Gen. 20:7).

LOS PROFETAS PREPARAN EL CAMINO PARA LA SEGUNDA VENIDA DE CRISTO

El **profeta** Malaquías profetizó que Dios enviaría a Elías el **profeta** antes del gran y terrible día del señor (Mal. 4:5). Cuando el ángel del Señor le profetizó a Zacarías acerca del nacimiento de Juan, él usó los mismos pensamientos que Malaquías profetizó: Y hará que muchos de los hijos de Israel se conviertan al Señor Dios de ellos. E irá delante de él con el poder y espíritu de Elías, para hacer volver los corazones de los padres a los hijos, y de los rebeldes a la prudencia de los justos, *para preparar al Señor un pueblo bien dispuesto"* (Lc. 1:16,17).

La Restauración de los Profetas en la Iglesia como Señal de los Tiempos. Para los judíos era natural y concordaba con la interpretación literal de las Escrituras el creer que el mismo Elías regresaría para preparar el camino para la venida del Mesías. Aún así Jesús dijo que Juan el Bautista había cumplido la profecía que Malaquías había declarado. Jesús manifestó que Juan el Bautista era un **profeta**. " Sí, os digo, y más que un **profeta** porque éste es de quién está escrito: He aquí, yo envío mi mensajero delante de tu faz, El cual preparará tu camino delante de ti. Y si queréis recibirlo, él es aquel que Elías que había de venir" (Mt. 11:9,10,14). Juan vino en el poder y en el espíritu del **profeta** Elías. Así como un solo profeta, Juan el Bautista, preparó el camino de la primera venida de Cristo, ahora una **compañía de profetas** está siendo levantada en la década de los 80.* Dios me ha revelado que solo en el continente de Norte América, hay 10,000 **profetas** que están siendo preparados para ser activados en la Iglesia. Está **compañía de profetas**, vendrá en el poder y el espíritu de Elías. Los **profetas** en forma colectiva, llevarán a cabo la profecía de Malaquías con relación a la segunda

---

* Hay un sentido real en el cual Juan el Bautista era el precursor de Elías anunciado por Malaquías (Mal. 4:5; Mt. 17:12,13). Es igualmente claro que como resultado del rechazo de nuestro Señor habrá un cumplimiento FINAL más dramático de la predicción de Malaquías acerca de Elías (Mt. 17:11, "vendrá" y Ap. 11). J. Sidlow Baxter, Descubrir el Libro, (Zondervan, Grand Rapids, MI, 1966). p. 266.

venida de Cristo, así como Juan el Bautista la llevo a cabo con relación a la primera venida de Cristo. Un solo **profeta,** preparó el camino para el Mesías de Israel y el Redentor de la humanidad. La **compañía de profetas** preparara el camino para Jesús el Rey de Reyes y Señor de Señores. Un solo **profeta** preparó el camino para que Jesús viniera y anunciara la era de la Iglesia; los muchos **profetas** prepararán el camino para la venida de Jesús e introducirán la era del Reino.

Los Profetas Preparan el Camino Para la Venida de Cristo. Esto lo hacen en dos maneras diferentes. Primero, ellos preparan el *camino* para el regreso del Señor. Segundo, ellos preparan para el Señor un *pueblo bien dispuesto* (Is. 40:3; Lc. 1:17).

¿CÓMO PREPARAN EL CAMINO LOS PROFETAS?

Los **profetas** juegan un papel importante en el plan predestinado de Dios para el regreso final de Cristo a la tierra. Hch. 3:21, declara que los cielos deben recibir (tener, mantener, detener, restringir) a Cristo en los cielos hasta el tiempo de la restitución (Restauración) de todas las cosas, lo cual Dios ha hablado por la boca de todos sus santos **profetas** desde la creación del mundo. Hay pasajes proféticos bíblicos en el Antiguo y Nuevo Testamento que deben cumplirse antes del regreso de Cristo. A los **profetas** se les ha dado la unción y la responsabilidad de recibir de Cristo la revelación apropiada y la aplicación de estas Escrituras. Está revelación permanece oculta de los hombres hasta que el tiempo de Dios para esa verdad sea restaurada y establecida.

Una Nueva Era se Acerca. La Iglesia está ahora comenzando la época de transición de la era de la Iglesia mortal a la era del Reino. Cuando Dios hizo los preparativos para llevar a Su pueblo de la dispensación de la Ley a la dispensación de la Iglesia, Él asignó a Su espíritu para que trajera iluminación y conocimiento revelatorio de las Escrituras sobre la realidad y aplicación de esa verdad. Pedro recibió iluminación para poder entender que los gentiles podían llegar a ser cristianos sin necesidad de convertirse en judíos primero. Este conocimiento revelatorio revolucionó a Pedro y al resto de los apóstoles. Pablo recibió el conocimiento revelatorio para entender los misterios de lo que es el Cuerpo de Cristo, la Iglesia. En su carta a la iglesia de Efeso, les explicó que ellos habían nacido y habían sido edificados sobre los ministerios fundamentales del apóstol y **profeta** (el Apóstol Pablo y el **profeta** Silas) con Jesucristo siendo él mismo la piedra angular. Ellos estaban siendo edificados como un templo santo en el señor, y como el cuerpo unido de Cristo, para que Dios pudiera habitar y establecerse aquí en la tierra. Todo esto debía llevarse a cabo por medio del Espíritu Santo. Este era un concepto nuevo y revolucionario y era diferente a todo lo que los teólogos judíos habían enseñado.

Se Requiere Revelación Para Traer Restauración. Pablo no solamente justificaba su enseñanza con versículos del Antiguo Testamento, sino también con la autoridad del "espíritu de revelación" y la unción del oficio de apóstol y **profeta.** Él declara: "una dispensación de la gracia de Dios me ha sido dada para vosotros" y "por revelación me fue declarado el misterio del Cuerpo de Cristo el cual en otras generaciones no se dio a conocer a los hijos de los hombres, como AHORA es revelado a sus santos apóstoles y **profetas** por el Espíritu" (Ef. 2:19–22; 3:1–6). Efesios 3:5 revela que los apóstoles como los **profetas** ahora tienen el ministerio de revelar nuevas verdades a la iglesia.

No estamos diciendo que los **profetas** y los apóstoles en el siglo veinte necesitan escribir nuevas Escrituras. La Biblia es un libro completo y no necesita añadiduras. La

Biblia fue proféticamente inspirada, y requiere iluminación y revelación profética del Espíritu Santo para poder entenderla y aplicarla correctamente. Por ejemplo, Martín Lutero había leído el versículo "El justo por la fe vivirá" y Efesios 2:8–9 cientos de veces antes que el Espíritu de revelación le hiciera entender la realidad de su significado. Cuando lo hizo, esto introdujo la Reforma Protestante. Una revelación verdadera siempre trae un cambio revolucionario. Martín Lutero no inventó o profetizó un pasaje bíblico nuevo sino que recibió una revelación verdadera acerca de lo que ya había sido escrito por los apóstoles y **profetas** anteriores.

Lo mismo es verdad acerca del Movimiento de Santidad, del movimiento Pentecostal, y del movimiento Carismático. Actualmente, estamos leyendo versículos que el Espíritu Santo iluminará y activará en su totalidad. El don de ascensión del **profeta** tiene una unción especial para este ministerio.

La Hora Para la "Oleada" Final del Movimiento de Restauración. En los últimos 470 años, han habido cuatro movimientos de restauración importantes y en medio de ese mover varias olas pequeñas de verdades restauradas. La **compañía de profetas** traerá revelación y activará uno de los más grandes movimientos de restauración que jamás se haya registrado. Será mucho más grande que todos los cuatro movimientos previos juntos. Será tan revolucionario como los cambios del Judaísmo al Cristianismo y de la Edad del Oscurantismo a la Reforma Protestante. A medida que la revelación final de las últimas Escrituras por cumplirse es iluminada y activada esto creara una oleada de tal magnitud que Apocalipsis 11:15, se cumplirá y el camino para la Segunda venida de Cristo el Rey Eterno se habrá preparado.

Los **profetas** preparan el camino para la segunda venida de Cristo trayendo conocimiento revelatorio sobre las Escrituras que deben cumplirse antes de que Cristo regrese. Los apóstoles y **profetas** de la Iglesia tienen esta unción y responsabilidad a su cargo. En Ap. 10:7 y 11:15, cuando el séptimo ángel haya terminado su declaración, "Los Reinos de este mundo han venido a ser de nuestro Señor [Jesús] y de su Cristo [El ungido — la Iglesia]"; "Pero en los días de la voz del séptimo ángel, cuando él comience a tocar, el misterio de Dios habrá terminado, como lo ha declarado a Sus siervos los **profetas**." Nada tomará a la Iglesia por sorpresa siempre y cuando los **profetas** de Dios existan y estén activos en la Iglesia. "Porque no hará nada Jehová el Señor, sin que revele su secreto a los **profetas**."(Am.3:7).

La Gran Señal del Siglo. Los teólogos que observan a Israel como poste de guía, proclaman que una de las señales más grandes del siglo veinte que determinó que tan cercana está la venida del Señor, tomó lugar el día en que Israel se convirtió en un estado independiente. Aquellos que observan a la Iglesia para determinar la señal de que tan cerca está la venida del Señor, pueden proclamar que la restauración del ministerio del **profeta** y la **compañía de profetas** en este siglo, es una de las señales más grandes de su venida. Juan el Bautista fue una de las manifestaciones mayores dada acerca de la venida del Mesías, pero lo escribas religiosos y los teólogos fariseos no supieron discernir la gran señal de Dios para ese tiempo. Así mismo, la mayoría de los ministros denominacionales no reconocerán la señal más grande de este siglo, la **Compañía de profetas como Elías**, que el espíritu está levantando para hacer los preparativos necesarios para la venida de nuestro Rey Jesús y su dominio sobre toda la tierra. Jesús ya estaba aquí en la tierra cuando el **profeta** estaba preparando el camino para Su manifestación como el Mesías. El reino de Dios ya está aquí en la tierra dentro de la Iglesia esperando la revelación final del misterio de

Dios que debe ser cumplida como ha sido revelado por sus **profetas**. Si, el reino de Dios en la iglesia está esperando el sonido final de la trompeta del séptimo ángel para que de esta manera la acción final se cumpla y los reinos de este mundo vengan a ser los reinos de nuestro Señor Jesucristo. Por esto Jesús se deleita al ver la restauración de los **profetas**, porque ellos están preparando el camino para Su regreso y para que Su reino sea establecido sobre toda la creación (Lc. 11:2; 17:21; Ap. 11:15).

LOS PROFETAS PREPARAN A LA IGLESIA PARA SER LA NOVIA DE CRISTO

Los **profetas** no solo han de preparar el camino del Señor; ellos también "preparan a un pueblo bien dispuesto." Juan el Bautista no pudo haber llevado a cabo la profecía en su totalidad, porque el "pueblo" es la Iglesia. Pedro describe a la iglesia como un pueblo que "no era pueblo", mas ahora son el pueblo de Dios", "un pueblo escogido." Este pueblo es un pueblo que ha sido comprado por la sangre de Jesús. Pablo les dijo a los ancianos que "alimentaran a la Iglesia de Dios, la cual él había comprado con su propia sangre," y que "Jesús amó a su Iglesia y se dio a sí mismo por ella para presentársela como una Iglesia, que no tiene mancha, ni arruga, ni ninguna otra escoria, y que debe ser santa y sin impurezas." Su sangre limpia, pero requiere el ministerio del **profeta** y de los otros dones ministeriales "para preparar a un pueblo bien dispuesto para el Señor" (Lc. 1:17; 1 P. 2:9; Hch. 20:28; Ef. 5:25–27).

La Iglesia es la Novia de Cristo y debe estar preparada adecuadamente, vestida y lista para el día de la boda. Jesús viene por una novia que va a reinar juntamente con él sobre su vasto dominio. La Iglesia, como Novia no puede ser una niña sin desarrollo, o una anciana decrépita. Ella debe estar en la plenitud de su hermosura y desempeño. La Iglesia, como novia, debe estar ataviada con su vestidura de boda, que es la vestidura de salvación, el manto de justicia, el vestido de alabanza, la armadura de Dios, y equipada totalmente con las armas de la milicia, que son los dones del Espíritu Santo. Su espada es la palabra de Dios, la cual es afilada por el conocimiento revelatorio dado a conocer por los **profetas**.

Juan presentó a la novia de Cristo descrita en la nueva Jerusalén "preparada como una novia lista para su esposo," y el ángel le dijo, "Acércate, te mostraré la novia, la esposa del cordero." Jesús no se está casando con una ciudad preciosa al contrario se casa con un cuerpo viviente compuesto por santos redimidos que han sido conformados a su imagen y semejanza. Isaías profetizó acerca de la Iglesia, los hijos de Dios, que serán la novia de Cristo. "Pues como el joven se desposa con la virgen, se desposarán contigo tus hijos" (Is.62:5). Oseas profetizó que el día vendría cuando el Señor se desposaría con su pueblo en justicia y gracia. Pablo le declaró a los cristianos de Corintios que ellos habían sido desposados para un esposo a fin de presentarlos a Cristo como una virgen pura (Os. 2:19,20; 1Co. 11:2; Ef. 5:22–33; Ap. 19:7–8; 20:2–9).

Los **profetas** están siendo llamados para lleven a cabo su parte en preparar a la Iglesia como Novia, para el día de la presentación a su Novio celestial, Cristo Jesús. Jesús se regocija con gran gozo por la participación que los **profetas** tienen en preparar a su Novia. Cuando los **profetas** hayan terminado su ministerio, Él será liberado para descender del cielo con un grito y ser totalmente y por la eternidad unido con Su Novia. Los **profetas** de la Iglesia del siglo veinte son muy preciosos para Cristo, porque ellos están perfeccionando a la Novia por la que Él murió para comprarla, esta es, la Iglesia. Cristo dice: Ay de aquellos que no permiten que los verdaderos **profetas** cumplan su función de preparar a la Novia para presentársela a Él en una pureza y madurez perfecta. La Iglesia, como Novia de Cristo, no puede ser totalmente perfeccionada sin la total restauración del ministerio de los apóstoles y **profetas** (Ef. 4:11,12).

Los Profetas Activan a los Miembros de la Iglesia en Su Ministerio de Membresía. Los **profetas** y el presbiterio profético tienen la habilidad divina de activar los dones y talentos de los santos y ministros por la imposición de manos y profecía. Ellos tienen la habilidad de parte de Dios de revelar y confirmar aquellos que han sido llamados a ejercer los dones ministeriales. El **profeta** tiene la habilidad de revelarle a los santos el ministerio de membresía en el Cuerpo de Cristo. Esta clase de ministerio puede ser evidente en un equipo con otros apóstoles y **profetas,** en un presbiterio profético o desempeñando el papel de **profeta.**

Cristo les ha dado al apóstol, **profeta**, evangelista, pastor, y maestro una habilidad especial de perfeccionar, capacitar y madurar a los santos. Aunque todos los cinco ministerios deben saber enseñar, predicar, profetizar y ministrar en los dones del Espíritu Santo, aun así cada uno tiene una unción especial y única que los otros no poseen. Este libro ha sido escrito para aclarar y ampliar el oficio del **profeta** y el ministerio de la profecía personal.

No es la intención del autor que el lector desarrolle una opinión de que el **profeta** es más importante que los otro cuatro ministerios. Los cinco dones ministeriales son absolutamente necesarios por que han sido ungidos y asignados por Dios para la Iglesia. Actualmente hay un conocimiento general y mucho se ha escrito acerca de la función del pastor, evangelista y maestro, pero muy poco se ha escrito acerca del **profeta.** Hay menos aceptación y conocimiento de la función de los **profetas** en la Iglesia del siglo veinte. Por esta razón solo daremos lugar aquí para explicar la unción y habilidad única del **profeta**. Con relación a nuestro tema, el **profeta** es uno a quien se le ha dado una habilidad especial para activar a los santos en su ministerio de membresía. Cristo le ha dado a los **profetas** la habilidad de conocer los dones de Dios y el llamado en la vida de una persona. Esta habilidad no está siempre activa en el **profeta**, como tampoco un evangelista sabe cuantas almas se van a entregar cuando él predica un mensaje. La percepción del **profeta** en esta área es más profunda y es una gracia con más unción que el don de palabra de ciencia operando en los santos, así también como un **profeta** profetizando lleva en si una unción mayor que la de un santo, profetizando con el don de profecía por medio del Espíritu Santo.

Las habilidades divinas del **profeta** son más que los dones del Espíritu Santo. Estas son las mismas habilidades y gracia de Cristo. Un miembro de la Iglesia con unción tiene la capacidad de discernir con una palabra de ciencia que otro miembro tiene cierto don o llamado, pero esto no lleva consigo el poder de activar los dones, solo trae conocimiento revelatorio. Cuando el **profeta** impone sus manos y profetiza dones y llamados a una persona, sus palabras tienen el don de Cristo y la habilidad creativa de impartir, dar a luz, y activar el ministerio de un miembro. Si la persona a quien se le da la palabra profética no la recibe con fe, este podrá dar a luz, pero lo nacido habrá fallecido. Si la persona no le ministra a la palabra profética recibida, esta palabra se desnutrirá y nunca alcanzará la vida y la madurez en el individuo. Hay muchas otras cosas que pueden impedir que una palabra verdadera de profecía dada por un **profeta** llegue a su cumplimiento en la vida y ministerio de un individuo. Estos obstáculos serán mencionados en otro capitulo.

El Cuerpo de Cristo solo será edificado y alcanzará su madurez en Él, a medida que cada miembro del Cuerpo funcione en la plenitud de su ministerio de membresía. Efesios 4:16 declara que el Cuerpo de Cristo está unido entre sí por todas las coyunturas, que se ayudan mutuamente, y a medida que cada miembro del cuerpo hace su parte, esto los ayuda a que se relacionen adecuadamente con otros miembros. Efesios 4:12 declara que el **profeta** y los otro **cuatro** ministerios tienen la función primordial de capacitar a los santos con este conocimiento y habilidad para que ellos puedan entrar en su ministerio, y de esta manera hacer que todo el Cuerpo de Cristo madure.

Cristo no puede regresar hasta que los dones ministeriales de ascensión hayan llevado a la Iglesia a su madurez total. El pastor, el evangelista y el maestro han sido los únicos ministerios reconocidos por la participación activa de su función. Ahora Cristo está activando a los **profetas** en los 80 y a los apóstoles en los 90. Jesús se deleita al ver que Sus **profetas** pronto serán reconocidos y acepatados plenamente por su Iglesia. Cuando esto suceda, la cercanía de la consumación de las edades será inminente. Esto acelerará el proceso "para preparar un pueblo bien dispuesto para el Señor" para que Él pueda regresar. La profecía de los **profetas** llevará a la Iglesia de un desorden como el del Valle de los huesos secos a una unidad, que crecerá, y madurará hasta que la Iglesia se levante como un gran y poderoso ejercito del Señor (Ez. 27:1–14).

3

LA NATURALEZA DE LA PROFECÍA
ALGUNAS DEFINICIONES

En su significado más amplio, la profecía es simplemente Dios comunicando sus pensamientos y propósitos a la humanidad. Cuando una profecía verdadera es dada, es porque el Espíritu Santo inspira a alguien para que comunique la Palabra de Dios pura y exacta al individuo o al grupo para quienes esta declaración es dirigida. La palabra es declarada por la persona profetizando sin añadir o sustraer o sin aplicar o interpretar lo que se está diciendo.

El mensaje profético es dado usualmente en forma verbal pero puede ser dado por escrito o presentado en un acto simbólico. La profecía puede llegar a una persona en forma directa de parte de Dios, o el Señor puede usar a otra persona para dar el mensaje.

LA BIBLIA COMO PROFECÍA

En este sentido toda la Biblia puede denominársele como profecía, esto es, Dios comunicando sus pensamientos e intenciones a la humanidad. Toda la Escritura es una revelación inspirada por la mente de Dios, por su voluntad y por su palabra comunicada al hombre y escrita en papel: "Toda escritura es inspirada por Dios..." (2 Ti. 3:16). "Porque nunca la profecía fue traída por voluntad humana, sino que los santos hombres de Dios hablaron siendo inspirados por el Espíritu Santo" (2 P. 1:21; también ver Dt. 6:32; Ap. 1).

La Biblia es la Revelación Completa de Dios Para el Hombre. Estas palabras inspiradas fueron acumuladas en sesenta y seis libros y canonizados como las Escrituras, La Palabra de Dios, La Santa Biblia. Por lo tanto esta palabra profética es completa. Es perfecta y más que suficiente para darnos toda la revelación de Dios, para que la podamos entender y así ponerla en práctica. Ninguna comunicación extra de parte de Dios es para añadir y de igual manera no se debe sustraer ninguna palabra de la Biblia. Cualquier palabra profética dada hoy en día debe estar en completo acuerdo con el espíritu y contexto de la Biblia.

Si este es el caso, entonces muchos se preguntarán ¿por qué necesitamos la profecía en la Iglesia del siglo veinte? La respuesta a esta interrogante requiere primero que todo que entendamos el significado de dos palabras Griegas importantes.

LOGOS – RHEMA

Dos palabras griegas en el Nuevo Testamento son traducidas como "Palabra": Logos y Rhema. Los eruditos Griegos y los teólogos han debatido acerca de estas palabras, si son sinónimas, pero muchos creen que los hombres inspirados por Dios escogieron usar cada palabra para expresar un significado diferente. La interpretación que aquí presentamos es más consistente con aquellos eruditos que aceptan la verdad presente.

Cuando usamos la palabra "Logos," nos referimos a la "Palabra [Logos] de verdad," las Escrituras, la Santa Biblia (2 Tim. 2:15). San Juan también habla de la "Palabra" que fue desde el principio que era con Dios, que era Dios, y fue hecha carne y habitó entre nosotros, no otro que nuestro Señor Jesucristo. Jesús era la palabra eterna revelada y manifestada en carne mortal (Jn. 1:1,14).

El Logos de Dios es creativa, se cumple por si misma, es poderosa, verdadera, inerrante, infalible, completa, y da vida. Es confiable y segura. Cualquier fracaso aparente o inconsistente en ella es debido a nuestra falta de entendimiento, confianza, disposición, obediencia y deseo de cumplir la palabra.

El Logos — La Norma Eterna de Dios. La palabra rhema, por otra parte, puede ser denominada "una palabra de la Palabra." En *El Diccionario Expositivo de Palabras del Nuevo Testamento W.E. Vine* explica este término de esta manera: *"Rhema* denota lo que es hablado, lo que es declarado verbalmente o por escrito; en particular, una Palabra. El significado de rhema (que es distinto al Logos). es ejemplificado de la siguiente manera; en el mandato de tomar la espada del Espíritu, lo cual es la Palabra (rhema). de Dios" (Ef. 6:17). Aquí la referencia no es para toda la Biblia, sino solo para ese versículo en particular, que el Espíritu trae a nuestra memoria para usarla en tiempo de necesidad, siendo requerido el memorizar con regularidad versículos. (W.E. Vine, *Diccionario Expositorio de Palabras de Nuevo Testamento,* Nashville, Tennessee, Nelson, 1939, p. 1242).

Una rhema, es una Palabra oportuna inspirada por el Espíritu Santo del Logos que trae vida, poder, y fe para llevarla a cabo: "La fe viene por el oír y el oír por la palabra [rhema] de Dios" (Ro. 10:17). Para que la palabra rhema pueda cumplirse esta debe ser recibida con fe por el oyente.

La Profecía Logos vs. La Profecía Rhema. El Logos nunca falla ni cambia, pero la Biblia está llena de palabras rhemas dadas a individuos que nunca vieron su realización. Sin embargo, en estos casos no era la palabra rhema del Señor la que había fallado, sino que fueron las personas que no supieron entenderla, interpretarla, creer en ella, obedecerla, esperar en ella, o actuar de acuerdo a la voluntad de Dios y seguir a su dirección. Este es el significado de 1a de Corintios 13:8: "Las profecías se acabarán." Cuando Dios habla directamente o por medio de un profeta a una persona o nación, y ellos no responden correctamente, la profecía puede que no llegue a su cumplimiento.

En Resumen: Cuando usamos el término "Logos," nos referimos a la Escrituras en su totalidad. Cuando usamos la palabra "rhema," queremos decir una palabra específica del Señor que se aplica individualmente. Ninguna palabra especifica verdadera declarada por un profeta de hoy estará en conflicto con el Espíritu y el contexto del Logos.

El Logos es como un pozo de agua, y la palabra rhema como un balde de agua sacado del pozo. El Logos es como un piano, y la palabra rhema como una nota que sale de él. El Logos es como el cuerpo humano, y la palabra rhema es uno de los miembros de ese cuerpo llevando a cabo una función particular. La palabra rhema siempre depende del Logos: él cuerpo puede sobrevivir sin ciertos miembros, pero ningún miembro puede sobrevivir sin el cuerpo.

Debemos estar agradecidos con Dios por el Logos, el cual es la norma de la verdad. Pero también debemos estar agradecidos por la palabra rhema, que provee la palabra precisa para esa situación. Todos los cristianos deben vivir por el Logos y deben recibir la palabra rhema siempre y cuando sea necesaria.

La Profecía Personal Definida. Dada esta diferencia entre el Logos y la palabra rhema, podemos entonces definir lo que es la **profecía personal**. Cuando usamos este término, queremos decir que es la revelación de Dios de Sus pensamientos y propósitos para una persona, familia, o grupo en particular. Es una información específica que proviene de la mente de Dios para una situación específica, o una palabra inspirada dirigida a cierta audiencia.

La Profecía Personal y el Rhema. En un sentido amplio, la profecía personal es una rhema: La Palabra de Dios aplicada individualmente, una palabra sujeta al Logos. Esta revelación más específica de la voluntad de Dios para nuestras vidas puede llegar en muchas formas. Una rhema puede llegar mientras leemos la Biblia, a medida que Dios ilumina cierta porción de la Escritura, o puede llegar a nosotros por medio de una palabra declarada por otra persona.

La Profecía Personal Declarada — Una Revelación Interna de la Palabra Rhema. Nosotros usaremos el término **profecía personal,** en un sentido mucho más definido para poder distinguir entre la comunicación divina que nos llega directamente de Dios, y aquellas que nos llegan por medio de otro vaso humano. **La profecía personal** es una palabra individual que le es dada a alguien por medio de otro ser humano. **Rhema** es una palabra comunicada directamente por Dios. Esto nos ayudará a evitar la interpretación errónea de que estamos aprobando la práctica peligrosa de que algunas personas se dan "profecías personales."

La Obra Personal del Espíritu Santo que no es Profecía Personal. Cuando el Espíritu Santo trae convicción al individuo de su pecado, atrayendo y regenerando a la persona, es una experiencia personal e individual. Esa es la misma obra que el Espíritu Santo debe llevar a cabo para convertir a cualquier pecador en un santo. En forma similar, el Espíritu Santo ilumina al cristiano para así mostrarle el significado más grande y profundo de las Escrituras. Esto es algo personal, pero para nuestro uso de términos estas situaciones son rhemas en vez de una profecía personal.

La Profecía General en la Biblia. La mayor parte de la Biblia es una profecía general: Los versículos que revelan la gloria de Dios, su naturaleza, y carácter, los pasajes que nos dan instrucciones que se aplican a toda la humanidad; las declaraciones proféticas que tratan con la condición general del mundo y con la degeneración del hombre que no conoce a Cristo; la profecía sobre la restauración de la Iglesia y el final de los tiempos; la doctrina tratando con el pecado, arrepentimiento, y la fe.

La Palabra Rhema de la Escritura Provee Verdades por medio de Ilustraciones. La Biblia contiene un número de profecías personales que fueron dadas a personas y grupos, pero que no son válidas universalmente. Por ejemplo, La profecía personal de Dios a Noé que construyera el arca, no son instrucciones para ninguna otra persona (Gen. 6). La palabra de Dios a Abraham acerca del sacrificio de su hijo Isaac no fue dirigido a los cristianos de la actualidad (Gen. 22). La palabra profética de Jacob sobre la descendencia de sus hijos fue una palabra específica para ellos (Gen. 49). La instrucción profética de casarse con una prostituta (Oseas 1:2), ciertamente no es para nosotros.

Una Rhema — Escrituras acerca de las Profecías Personales Que No Deben Ser Aplicadas Personalmente Hoy. La Biblia, de hecho, contiene numerosos ejemplos de cómo Dios da profecías personales a individuos y a grupos. Aun una persona con poca instrucción en interpretación bíblica sabe que esas instrucciones tan específicas no son para todos. Imagínese si un cristiano nuevo lee en la Biblia que Dios le dijo a Isaías que "caminara desnudo y descalzo por Israel durante tres años," y entonces esta persona procediera a hacer lo mismo en su ciudad. Él podría decir, "¡Dios me dijo que lo hiciera, está en la Biblia! ¡Es la Palabra de Dios!" Pero ninguna autoridad, religiosa o secular, estaría de acuerdo con él. Para poder trazar correctamente la palabra de verdad debemos saber como distinguir entre la palabra rhema de una profecía personal en la Biblia y una palabra general que es el Logos Eterno para todos.

ENTENDIENDO "LA PROFECÍA"
Y UNA PROFECÍA "PERSONAL"

[Trazando correctamente el Libro Profético de Dios la Biblia, que es la Palabra de Dios Escrita Logos/ Palabra Rhema].

PALABRA "LOGOS"	PALABRA "RHEMA"
Juan 1:1, 14: 2 Tim. 3:16	Ro. 10: 8,17; Efe. 6:17; 2 Co. 13:1
La palabra "Logos"	La palabra "Rhema"
La *Palabra* de Dios	Una palabra de la *Palabra*
Profecías generales	Profecías personales
Profecías sin condición	Profecías condicionales
Tu palabra es verdad	Una palabra verdadera de Dios
La verdad por declaración	La verdad por ilustración
La palabra—Eterna Dios—	La palabra hablando
Jesús	específicamente
La palabra, la misma por la eternidad	*La palabra* para una persona para una época
Instrucciones para todos	Instrucciones para una persona
Incambiable, no falla	Puede fallar o puede cambiar
La revelación de Dios	Dios revela y relaciona
La palabra profética de Dios	La palabra siendo profetizada
La sabiduría de Dios	Una palabra de Sabiduría
El conocimiento de Dios	Una palabra de ciencia
Los pensamientos de Dios escritos	Un pensamiento personalizado
Toda la Biblia	Versículos individuales
El trono de Dios	Un pensamiento del trono
"LOGOS" ILUSTRACIONES "RHEMA"	
Todo el cuerpo humano	Un miembro manifestándose
El piano completo	Una nota resonando
El océano	Uno ola del océano
Las playas arenosas	Un puño de arena
Un pozo de agua	Un balde de agua del pozo

39 libros del A.T. y 27 libros del N.T. = 66 libros de la BIBLIA relacionados en el Siglo 3ro en un solo libro llamado *LAS SAGRADAS ESCRITURAS*
La Palabra de Dios – escrita e inspirada – el Logos

4

LA SANIDAD DIVINA Y LA PROFECÍA PERSONAL

Este capítulo está incluido aquí para proveer ejemplos sobre la profecía personal, especialmente con relación a la sanidad divina. Incluidos en este libro están los capítulos (4, 6, 8, 10, 12, 15 y 19), que relatan testimonios personales de como la profecía personal puede ministrar a cada área de nuestra vida.

Jesucristo recibió treinta y nueve latigazos y sufrió un dolor indescriptible para proveer sanidad a nuestros cuerpos mortales. Dios sobrenaturalmente nos sana y nos libra usando varias maneras: la oración de fe por los ancianos de la iglesia; la fe del individuo en Dios; los dones de sanidad obrando por medio de un miembro o ministro de la Iglesia; confianza en la predicación de la palabra de fe; la declaración profética de un profeta que trae liberación, sanidad, y milagros creativos. Este último método es de especial interés para nosotros. ¿Qué papel juega la profecía personal en las sanidades milagrosas?

La profecía personal no ha sido diseñada para revelar si Dios puede o si está dispuesto a sanar. Esto ya ha sido asegurado y revelado por el Logos, la palabra escrita de Dios. Todas las Iglesias de la verdad presente han estado poniendo en práctica la sanidad divina por fe desde que el Espíritu Santo restauró está verdad a la Iglesia en 1880. ("Iglesias de la Verdad Presente" son aquellas que creen y practican toda la verdad que ha sido restaurada hasta la actualidad). Hay muchas verdades nuevas que han sido restauradas desde 1880, y la sanidad de fe ha aumentado hasta el punto de incluir la práctica de la imposición de manos para recibir sanidad, sanidad divina a multitudes, palabras de ciencia revelando condiciones y luego sanándolas, dones de sanidad, y ahora sanidad por medio de una palabra rhema o profecía personal.

No fue sino hasta 1979, que comencé a recibir profecías de parte de otros profetas acerca de las sanidades y milagros que se manifestarían en mi ministerio. Yo no había visto muchos milagros de sanidades como lo había experimentado con la palabra de ciencia, así que asumí que este don o llamado no era para mí. Pero después de haber recibido de diez a quince profecías de parte de ministros de diferentes partes del mundo, sobre el deseo que Dios tenía de que yo fluyera en la sanidad divina, comencé a esperar y a estar a la expectativa de que sanidades milagrosas tomarían lugar. Desde esa época he visto la sanidad de problemas cardíacos, cáncer, y numerosos problemas físicos. Yo sabía que la palabra profética es tremendamente eficaz para la sanidad interior, pero tuve que darme cuenta que es igualmente eficaz para la sanidad del cuerpo físico.

La consejería bíblica y pastoral es un ministerio importante de la Iglesia para traer sanidad interior, y la profecía personal no remplaza la necesidad de este ministerio. Sin embargo, he visto como Dios usa un fluir de la palabra profética para discernir la raíz de un problema y declarar una palabra ungida que trae liberación inmediata y permanente.

Se puede lograr mucho más por medio de los dones del Espíritu Santo y de la palabra ungida del profeta en cinco minutos que por numerosas horas de consejería bíblica. Consejeros de la verdad presente están ahora incorporando los dones del Espíritu Santo, discernimiento y unción profética en sus métodos de consejería bíblica. Esto constituye la verdadera consejería *bíblica,* porque va más allá de lo que cualquier psiquiatra y psicólogo entrenado puede hacer usando solamente la sabiduría y habilidad humana.

He escuchado muchas profecías personales sobre individuos que habían de ser sanados y librados lo cual era confirmado por sanidades milagrosas. Aún así, con mucha tristeza puedo decir, que he oído más profecías personales y rhemas acerca de personas que iban a ser sanadas y levantadas del lecho de muerte que nunca se llevaron a cabo que de aquellas palabras que sí se cumplieron. Por ésta razón, uso mucha cautela en profetizar que una persona enferma se va a recuperar y que no va a fallecer, o que una persona lisiada va a caminar, a menos que haya recibido una palabra rhema definitiva de parte del Señor.

Probablemente hay mucho más prejuicio en contra de la profecía personal a causa de las palabras presuntuosas dadas en ésta área que en ninguna otra. ¿Por qué hay tantas profecías sin inspiración que hablan sobre esta área? ¿Cómo pueden tantas personas decir que un líder importante que tiene cáncer va a ser sanado y que vivirá y no morirá, pero aún así él muere?

La razón principal de este problema es que las personas con frecuencia profetizan del Logos y no de la rhema. En otras palabras, ellos profetizan su doctrina y convicciones basados en la Biblia, la cual nos da la voluntad general de Dios que dice que la sanidad divina es para todos. Podemos predicar, confesar, y decir que estamos parados en el Logos, pero no podemos convertirlo en una profecía personal para un individuo a menos que el Espíritu Santo la haya revelado como una palabra rhema.

Esta idea es aclarada al compararla con una verdad más básica. La Biblia declara que Jesús murió para que todos los hombres sean salvos. Técnicamente, todos fueron salvos cuando Jesús murió en la cruz, pero esto no significa de que todos son salvos o que serán salvos. Solo porque tenga una convicción firme de la muerte vicaria de Jesucristo, no puedo ir y profetizarle a cualquier persona, diciéndole

"Así dice el Señor, tú eres limpio de todo pecado y has nacido de nuevo." Yo puedo predicarle a todos y decirles, "si tu crees en el Señor Jesús, puedo asegurarte que su sangre te limpiará de todo pecado y nacerás de nuevo."

De la misma manera, podemos predicarle a una persona que la palabra de Dios declara que por Su llaga somos sanados, y que Jesús ya nos había sanado cuando él recibió aquellos treinta y nueve latigazos, de la misma manera, Él nos salvó cuando derramó Su sangre en el calvario pero no podemos *profetizar,* "Así dice el Señor, Tu eres sano de esta enfermedad y no morirás pero vivirás," a menos que Dios convierta esta verdad bíblica en una palabra rhema personal para esa situación particular. En este sentido hay una gran diferencia entre la predicación y la profecía personal; entre el hablar del Logos y hablar una rhema; entre la declaración de fe basada en la verdad bíblica y el declarar la mente específica del Señor para el individuo; entre hablar la Palabra de Dios y hablar una palabra de parte de Dios.

La verdad es verdad, y el Logos y las palabras rhemas son uno con Dios. Pablo declaró, que la fe para obtener milagros específicos viene no de nuestras opiniones del Logos, pero de una palabra rhema del Logos: "La fe viene por el oír y el oír por la palabra de Dios" (Ro. 10:17). Él declaró que la palabra hablada de nuestra boca debe proceder de nuestro corazón como una palabra rhema: "Más ¿qué dice? Cerca de ti está la palabra, en tu boca y en tu corazón. Esta es la palabra de fe que predicamos" (Ro. 10:8). La Biblia da el conocimiento de los hechos acerca del conocimiento de Dios, Su palabra, camino y voluntad, Su plan y propósito para la humanidad; sin embargo, los hechos no son fe. Pero los hechos (la Escritura) pueden convertirse en fe cuando es iluminado por el Espíritu Santo y mezclado con fe en el corazón.

El escritor de los Hebreos reveló esta verdad, cuando dijo: "...pero no les aprovechó el oír la palabra, [Logos] por no ir acompañada de los que la oyeron." (He. 4:2). El Logos más la iluminación del Espíritu Santo y la fe equivale a una rhema del Señor. *Como un ministro yo predico el Logos,* pero como *profeta, profetizo* la *rhema.* La verdad bíblica general no nos garantiza una aplicación específica y el como apropiar esa verdad. Un predicador habla de la letra de la Palabra, que se aplica a todos los hombres en todas las ocasiones, mientras que el profeta habla del Espíritu de la Palabra, que es para una persona en particular y una situación específica.

Con frecuencia, una persona habla de su convicción personal de la verdad bíblica acerca de la sanidad divina, y la presenta en forma de rhema o como profecía personal diciendo, "Dios me mostró que vas a ser sanado," o así dice el Señor, te he sanado vivirás y no morirás." Si la persona no se sana de esta enfermedad pero muere, entonces la palabra dada es considerada falsa, aunque la sanidad divina sea una verdad bíblica. Esta es la razón principal por la que muchas de las palabras dadas como profecía personal o como rhemas nunca llegan a su cumplimiento. Estas declaraciones son basadas en doctrina en lugar de ser profecías inspiradas por Dios, y por eso traen reproche al ministerio de la profecía personal.

Algunos de los problemas mencionados en uno de los siguientes capítulos sobre "Los Impedimentos para recibir la Profecía Personal" también pueden ser obstáculos para *dar* una verdadera profecía personal. Los problemas principales son la predisposición, el bloqueo del alma, el control doctrinal que no nos permiten ser dirigidos por el Espíritu Santo. Le sugiero que, si usted está involucrado emocionalmente o tiene una opinión sobre una situación, debe abstenerse de dar una palabra rhema o una profecía personal sobre el asunto. Use palabras como "Mi convicción es… creo que…estoy convencido de que usted…la Biblia dice que…" No declare en público un "Así dice el Señor…Dios me dijo…Dios me mostró…El Espíritu Santo me reveló…".

Deje a un lado el "Así dice el Señor" para el profeta maduro y con experiencia. Ellos son los que han sido ungidos para declarar una palabra creativa de sanidad y liberación milagrosa. Aun si un santo o ministro que no es profeta siente la seguridad de que tiene una palabra verdadera del Señor sobre el asunto, es más sabio decir, "Estoy convencido que Dios va a..." en lugar de decir, "Dios me mostró que él va a..." de igual manera esto aumentará la fe de otros, y si lo que confesó se lleva a cabo entonces se le dará crédito de que sus convicciones estuvieron correctas. Si nada de lo que creía y había confesado toma lugar, entonces no será acusado de ser llamado un profeta falso o un hablador de profecías falsas. Simplemente había declarado un asunto que había creído era verdad.

Ninguno que cree en la sanidad divina le atacará por creer y confesar sus convicciones sobre la sanidad divina, aún cuando esto vaya dirigido específicamente a la sanidad de una persona. Pero si usted pone sus convicciones en la forma de una palabra rhema o una profecía personal y ésta no se cumple, entonces muy justamente será juzgado o tildado de ser un representante falso de la mente de Dios en ese asunto. Su profecía presuntuosa traerá reproche al don de profecía, al ministerio de profetizar, y al oficio del profeta.

Probablemente el noventa y nueve porciento de todas las sanidades y milagros que conozco personalmente, por medio de la profecía personal, sucedieron cuando él que estaba profetizando no tenía conocimiento previo de la condición que existía. Muchos profetas podrían dar cientos de testimonios de sanidades y milagros que se han manifestado en sus ministerios, y creo que todos estarían de acuerdo con este porcentaje. Una vez que se tiene conocimiento y la persona está envuelta en forma personal en una situación, es mucho, mucho más difícil recibir una palabra clara y pura sobre el asunto. Es más fácil declarar una palabra creativa de sanidad por una rhema inspirada por el

Espíritu Santo, que hablar basado en el conocimiento de la doctrina del Logos. He visto estos dos ejemplos tomar lugar, pero la gran mayoría han venido cuando hablo una palabra rhema inspirada en profecía personal y oración profética.

Ejemplos Actuales. Algunos testimonios mostrarán cómo esto puede funcionar. El primero es de un pastor y su esposa, que en la década de los 70 pastoreaban una iglesia creciente. Esta pareja había establecido en su iglesia una universidad de extensión, así que yo ministraba allí varias veces al Año. En el transcurso de los años yo le había profetizado al pastor y a su esposa cada vez que pasaba por allí.

De los muchos ejemplos que puedo darles, esta historia refleja mejor los problemas de la profecía personal con respecto a la sanidad divina.

Los doctores descubrieron que la esposa tenía células cancerosas en la sangre, pero no podían determinar cuál era la causa sin someterla a una cirugía exploratoria. Nosotros impusimos manos sobre ella, y Dios me mostró el lugar en su cuerpo que era la raíz del problema. Era en un lugar diferente al que los doctores suponían que estaba.

Ella le dijo al cirujano que otro doctor (ella no le explico que era el "Doctor con revelación profética") le había diagnosticado el problema en un área en particular, y la hermana les pidió que durante la cirugía exploratoria examinaran el área mencionada. Ellos no pudieron encontrar el problema donde creían que estaba, así que buscaron el lugar que el otro doctor les había sugerido. La raíz de las células cancerosas fue descubierta. El pastor llamó y pidió consejo profético, sobre si su esposa debía recibir el tratamiento de quimioterapia, como lo pedían los doctores. Dios le dio esta palabra profética a ella:

"Si ella toma los tratamientos de quimioterapia se sentirá mejor y el cáncer estará en remisión por dos años, pero entonces regresará. Pero si ella confía en Dios completamente para su sanidad divina, sufrirá por un tiempo y tendrá que batallar con fe, pero será totalmente sana dentro de dos años."

No sé que tan claramente él compartió ésta palabra con su esposa, de la misma manera que no sé que tan claro Adán le dio a Eva las instrucciones de Dios acerca del árbol de la ciencia del bien y del mal. Pero la próxima vez que tuve noticias de ellos, ella estaba en tratamiento y recuperándose, el cáncer estaba en remisión.

Dos años más tarde en la iglesia, en un servicio un domingo por la noche supe que la esposa del pastor estaba en cama, porque el cáncer se había reactivado y había avanzado tanto que su condición era inoperable. Después de orar por ella en la Iglesia el co-pastor que tenía un llamado profético en su vida, se puso de pie y profetizó enfática y específicamente que Dios la sanaría y la levantaría de su lecho de muerte para Su gloria, y que sería un gran testimonio para toda la comunidad. Algunos otros fueron inspirados por esta profecía para dar palabras de poder, victoria y sanidad, pero no la nombraron en sus profecías, como este hermano lo había hecho.

Mi espíritu profético no dio testimonio de que ellos estaban profetizando una palabra rhema o de la mente del Señor sobre este asunto. Sentí que ellos estaban profetizando basados en su doctrina del Logos, de su amor hacía la esposa del pastor, y su deseo de ver un milagro manifestado. La mañana siguiente en camino hacía el aeropuerto, fuimos a verla y a ministrarle. Mi esposa oró y yo profeticé. En la palabra no había nada que mencionaba una sanidad milagrosa, aunque personalmente estaba esperando que la palabra profética dijera algo sobre su vida o sanidad milagrosa. Había muchas palabras de consuelo, y seguridad de parte de Dios acerca de sus hijos y esposo. Ella estaba sufriendo bastante y se había vuelto agresiva y no cooperaba. Pero después de la profecía, mucha paz vino sobre ella, el gozo del Señor regresó, su actitud cambió, y la sonrisa que ella había tenido antes también volvió a ella.

Más tarde después de irnos, nos dijeron que ella había comenzado a hacer restitución a ciertas personas y miembros de la familia. Ella hizo los arreglos para los cantos y el servicio el día de su funeral. Semanas después regresé para predicar en su funeral y participe en el servicio de ida a su hogar celestial. Mientras estaba allí aconsejé al co-pastor que había dado la profecía acerca de la sanidad. El se sentía desolado no solo en su vida, pero en su reputación y habilidad de profetizar la palabra verdadera de parte del Señor. Pero después de mucha consejería y oración él pudo animarse, reanudar su trabajo, y seguir adelante.

La consejería había incluido conceptos sobre la motivación profética apropiada, los obstáculos para dar profecías verdaderas, y la necesidad de los profetas de ser entrenados y estar bajo el cuidado de un profeta maduro, así como Elías fue para Eliseo, antes de dar palabras serias y específicas. Yo le aseguré que él no era un profeta falso, al contrario su inmadurez, celo, y convicción bíblica lo habían motivado a dar una profecía presuntuosa. Él debía permitir que este evento humillante fuera un proceso de aprendizaje para prepararle a que fuera un profeta maduro.

La profecía presuntuosa fue uno de los muchos problemas que hicieron que esta Iglesia disminuyera de cuatrocientas a cuarenta personas durante los siguientes años. Uno de los problemas fue que el pastor se desilusionó y se resintió contra Dios a causa de la muerte de su esposa. Él comenzó a expresar su frustración predicando mensajes duros, en lugar de ministrar a la congregación. Yo le había dado una palabra profética que por los siguientes seis meses él debía predicar acerca de la virtud sanadora de Cristo, la victoria de Cristo sobre todas las cosas y su poder milagroso. Él ignoró esa palabra y comenzó a predicar pensamientos negativos, criticaba a las personas y predicaba sus frustraciones. Finalmente abandonó la iglesia después de esta haber bajado a cuarenta miembros. Su yerno tomó la obra, y ha trabajado por años para restaurar al pueblo gradualmente y para reestablecer la obra.

Así como las profecías verdaderas traen bendiciones, prosperidad y milagros, así también las profecías falsas, inmaduras, presuntuosas, traen destrucción, confusión y fracaso. La respuesta no es rechazar o despreciar a los profetas, la profecía personal, o la profecía congregacional, al contrario, se debe enseñar, entrenar, madurar a los santos y a los profetas jóvenes en el ministerio profético.

Un detalle interesante de esta situación provino de un comentario de la hermana que estaba falleciendo. Ella me dijo:

"Dr. Bill, he leído todas las páginas de profecías que usted me ha dado a través de los años, y todo lo que me dijo, se ha cumplido. He hecho todo y llegado a ser la persona que las profecías decían que haría y sería."

He usado ésta situación para animar a personas que tienen porciones de sus profecías personales que no se han cumplido, diciéndoles, "No se desanime porque todas sus profecías no se hayan cumplido. Fortalezcase, porque la única persona que me dijo que todas sus profecías se habían cumplido falleció tres semanas después." Si Dios continua hablando acerca de cosas en el futuro que usted llevará a cabo, quiere decir que si es obediente, entonces tendrá mucho años de vida para hacer la voluntad de Dios.

Los evangelistas que tienen dones poderosos pueden saber que clase de condición física es, y ellos pueden orar y ministrar con el don de sanidad y la palabra de fe para llevar a cabo milagros. Pero rara vez profetizan con anterioridad que la persona va a ser sanada. La mayoría de los milagros se llevan a cabo por medio de la profecía personal durante el tiempo que la palabra profética fluye en el individuo. Algunos ejemplos actuales ampliaran esta verdad.

Un Corazón Nuevo. Un cristiano joven de veintinueve años estaba operando con éxito cuatro negocios. Por años había tenido que trabajar de dieciséis a veinte horas al día para llegar a ese nivel de éxito. Aunque era cristiano el continuamente había quebrantado las leyes de Dios sobre el descanso y la moderación, y ahora estaba sufriendo las consecuencias en su cuerpo.

Después de haber tomado varias pruebas y exámenes extensivos en el hospital, se determinó que él tenía una condición cardiaca severa y problemas de circulación. Así que él tenía que tomar una medicina fuerte que no le permitía trabajar. El diagnóstico del doctor era que este joven tendría que tomar esta medicina por el resto de su vida, y que debía a someterse a cirugía de corazón abierto. Cinco años después, las cosas no habían mejorado y solamente le daban seis meses de vida. Permítale que él, le del resto de su testimonio en sus propias palabras:

Continué hasta el 8 de Abril de 1984. En esa época, Dr. Hamon, usted estaba en nuestra iglesia llevando a cabo un seminario acerca del Espíritu Santo. Esa noche usted predicó y al concluir el mensaje pidió que todo el liderazgo de la Iglesia pasara al frente y formaran una línea. Mi esposa y yo también pasamos. (Tenga en mente que nosotros nunca antes lo habíamos visto y oído).

Usted impuso sus manos sobre nosotros y comenzó a profetizar muchas cosas por las que había pasado, y otras cosas sobre lo que Dios deseaba hacer en mi vida y ministerio. En medio del fluir profético, sin preguntarme si tenía problemas físicos, usted comenzó a decir, "Sánalo, Señor, sánalo, dale un nuevo corazón, dale un nuevo sistema circulatorio."

Caí al suelo y el poder de Dios comenzó a correr por todo mi cuerpo. Instantáneamente supe que Dios había restaurado mi salud. Una hora después todavía podía sentir la sangre circulando en las puntas de los dedos de la mano y los dedos de los pies. Sentía como si alguien estuviera lavando todo mi sistema circulatorio.

Unos meses después tuve un examen físico y los doctores verificaron que no había señales de haber padecido de problemas cardíacos y de circulación. Así que tiré las medicinas y llene las botellas con aceite de oliva para ungir a las personas que necesitan oración y para testificar acerca de mi sanidad.

Un año después tuve oportunidad de dar mi testimonio en uno de sus seminarios proféticos. Esto fue el Viernes en la noche, y la siguiente noche estaba jugando sófbol con el equipo de la Iglesia. De repente, comencé a experimentar un dolor muy fuerte en mi pecho y que bajaba por el brazo izquierdo. Sentí desfallecer del dolor. Creí que me tenían que sacar del campo de juego, pero en unos pocos minutos el dolor desapareció de la misma forma como había aparecido.

El domingo siguiente, le estaba contando al pastor acerca de lo que había sucedido y él me informó que él había estado en un seminario de CI un Viernes en la noche. Él dijo que usted se había detenido en la mitad del servicio y reveló que Dios le estaba mostrando que el diablo estaba tratando de poner la enfermedad sobre el hermano que había dado su testimonio de sanidad la noche anterior. Usted le pidió a la congregación que se pararán y señalarán en la dirección general de la ciudad de Panamá lugar donde vivía. Usted tomó autoridad sobre el enemigo y le ordenó que lo dejara permanentemente. Concluimos que esto era a la misma hora en que yo estaba teniendo los síntomas de un infarto en el campo de béisbol

Desde esa vez, en 1984 hasta ahora en 1987, no he tenido ningún otro síntoma o problemas. De hecho, he obtenido una póliza de seguro por bajo riesgo de vida. Alabo a Dios por los profetas que hay en la Iglesia. La palabra que usted me dio sobre el ministerio espiritual, también se ha cumplido. He sido ordenado y soy un ministro para mi Señor y Salvador Jesucristo.

Una Visión. En Octubre de 1981, el Señor me dio una de las pocas visiones que he tenido en mi vida. Mientras estaba en la adoración durante un seminario de CI, con mis ojos cerrados y mis manos levantadas hacía Dios, de repente vi unas letras fulgurantes escritas sobre mi frente que decían, "Poder sobre el cáncer y problemas del corazón." Antes de mencionarlo a otra persona, un hermano se acercó y me dijo, "Mientras usted estaba adorando al Señor, vi escrito sobre su frente en letras grandes en rojo, Poder sobre cáncer y problemas cardíacos." Así que acepté esto como una visión verdadera, pero le expliqué al Señor que no sabía porque me estaba dando esto, cuando no tenía tiempo de cumplir mi ministerio de profeta y profecía personal.

No mencioné esto públicamente hasta que una noche estando en Pensacola, Florida, el Espíritu Santo me habló para que lo hiciera. Estaba allí una señora que por varios años había luchado contra el cáncer. Tan pronto como ella recibía un milagro de sanidad en un área de su cuerpo, el cáncer aparecía en otro lugar. A continuación una parte del testimonio que relata su victoria total:

> *Finalmente, tenía cáncer en la garganta. En desesperación, clamé al Señor y le dije que había hecho y estaba haciendo todo lo que sabia hacer. Realmente necesitaba ayuda, o perdería esta lucha con el cáncer.*

> *Fue el 18 de Noviembre de 1981, cuando clamé al Señor para que me diera una respuesta sobre cómo mantener mi sanidad. El Espíritu Santo me dirigió para que fuera a una Iglesia llamada "Sublime Gracia" (Amazing Grace). que estaba ubicada en la calle Jackson. No tenía medio de transporte propio, pero Dios proveyó la manera de llegar allá.*

> *Ya había escuchado al Dr. Bill Hamon dos veces en nuestra Iglesia "Comunidad de Libertad" (Liberty Fellowship) en Junio de 1981. Sabía en mi espíritu que ésta era la noche para mi sanidad*

milagrosa, que permanecería, pero no estaba preparada para lo que sucedería. El Dr. Bill dijo que Dios le había dado poder sobre el cáncer, y que si alguien había sido diagnosticado con células cancerosas en su cuerpo, que pasara para recibir oración. Yo fui la única persona que pasó adelante.

El Dr. Bill oró en el espíritu por unos momentos y entonces comenzó a hablar en voz alta y con autoridad diciendo, "Padre, reprendemos este cáncer ahora mismo, y maldecimos la raíz de este cáncer, en el nombre de Jesús, quebranto esta raíz, líbrala, suéltala, sal de ella ahora mismo y vete para siempre."

Este espíritu inmundo que había estado reactivando el cáncer en mi cuerpo por los últimos siete años pegó un grito y salió de mi cuerpo. Usted le habló otra vez para que no me molestara y para que se fuera y jamás me volviera a tocar. Gracias a Dios que se fue, y fui completamente sana, hasta la fecha estoy sana después de todos estos años y seguiré sana.

Doy gracias a Dios que nuestro Señor Jesús me ha dado poder en su nombre para librar a su pueblo de las fuerzas destructivas del enemigo. Gracias por ser obediente a Dios y por hablar esa noche. Finalmente soy completamente libre de ese cáncer recurrente. ¡Gloria a Dios!

He orado por muchas personas con cáncer y problemas del corazón. Muy pocos han sido sanos cuando la petición se ha hecho y simplemente respondemos a ella en obediencia al mandato del Logos. Sin embargo, casi todos son sanados cuando la necesidad es dada a conocer por medio de la palabra de ciencia y por medio de la oración profética.

Algunos que ministran sanidad divina, se frustran porque no ven a todos por los que ellos oran siendo sanos ya que Jesús sanó a todos los que venían a él. Pero Jesús era el único que tenía la plenitud del Espíritu, fe, y poder. Nosotros ministramos con fe de acuerdo a nuestras habilidades y dones divinos, pero a menudo no es suficiente para sanar a todos aquellos con quienes tenemos contacto. Sin embargo, continuaremos ejercitando toda la fe y unción que tenemos para sanidades y milagros. Continuaremos confiando en milagros mayores y el poder obtener un alto porcentaje de resultados positivos. Esto es lo que sabemos y hemos probado una y otra vez: la profecía personal y la oración profética, cuando son dirigidas por Dios, producen resultados milagrosos en aquellos que reciben este ministerio.

5

CINCO CANALES DE LA PROFECÍA

Además de las Escritura (y siempre sujeta a ellas), la palabra profética de Dios para su pueblo usualmente es dada por medio de uno de los cinco canales. Para entender como Dios se comunica con nosotros proféticamente, debemos conocer la diferencia entre ellos. Estos son los cinco canales:

EL OFICIO DEL PROFETA (Ef. 2:20; 4:11; 1 Co. 12:28; Hch. 13:1)

El ministerio del profeta en la Iglesia no es el don del Espíritu Santo, sino una extensión de Cristo como el profeta. Jesucristo fue la manifestación completa del oficio del Apóstol, Profeta, Evangelista, Pastor y Maestro todos en el mismo cuerpo humano. Después de su ascensión al cielo, los cinco dones ministeriales que él había personificado aquí en la tierra fueron enviados otra vez como dones a la Iglesia en la forma de hombres que llevan a cabo este papel. Ninguna persona ha recibido todos los cinco dones, pero algunos si han recibido uno (Ef. 4:11).

Esta capacidad no es una dotación externa como un regalo de cumpleaños; sino, que ha sido una unción del manto de Cristo para cada uno de los cinco ministerios de Jesús – una impartición divina de la naturaleza de Cristo, de su sabiduría y poder para cada desempeño. Cuando todos los cinco dones ministeriales fluyen en toda madurez, esto representa el ministerio completo de Cristo a su Iglesia.

Estos ministerios no son una extensión del ministerio del Cuerpo de Cristo, pero son una extensión de la cabeza que es Cristo a su Cuerpo, la Iglesia.

El que tiene el llamado de apóstol ha recibido la porción del manto de Cristo que capacitó a Jesús para ser el gran Apóstol de la fe. El evangelista recibió de Cristo la unción evangelística. Al pastor le han sido dados el corazón y el cayado de Cristo como el Buen Pastor, y el maestro, tiene la habilidad divina de Cristo para enseñar. Finalmente, el profeta recibió de Cristo esos atributos de Cristo que lo han capacitado con la habilidad de percibir lo que hay en el corazón del pueblo, para proclamar los consejos y planes futuros de Dios, y para saber las cosas secretas de Dios.

El oficio del profeta ha sido designado y dotado para funcionar en un nivel más alto de ministerio que el don del Espíritu Santo de profecía. Este don de profecía opera dentro de los santos o en un ministro para la edificación general, para dar ánimo, y para consolar a la Iglesia (1 Co. 12:10; 14:3,4). Pero el oficio del profeta ha sido ungido y autorizado para hacer mucho más.

De hecho, el profeta tiene autoridad administrativa. El profeta tiene la misma autoridad de ministrar a la Iglesia con su predicación y profecía de la misma manera que el pastor tiene autoridad de predicar y de dar consejería pastoral. Los profetas de la Iglesia funcionan en todos los ministerios que los profetas del Antiguo Testamento desempeñaban, al igual que el don del profeta neotestamentario el cual ha tomado de Cristo su papel de profeta. De esta manera las profecías fluyen en las áreas de dirección, instrucción, reprensión, revelación o lo que Cristo desee decirle a su Iglesia para su purificación y perfeccionamiento.

Los profetas, entonces, son más que el pastor predicando por el don de profecía. En la estructura del Nuevo Testamento ellos ocupan el segundo lugar después de los apóstoles: "Dios ha puesto algunos en la Iglesia, primero apóstoles, segundo profetas..." (1 Co. 12:28). Pablo nos dice que el ministerio de los apóstoles y profetas son fundamentales para la edificación de la Iglesia de Cristo (Ef. 2:20–22). Ellos son una extensión directa de la "piedra angular" que es Jesús, para alinear y para establecer la estructura apropiada al edificio de Dios, la Iglesia. Así que cualquier Iglesia local que haya sido establecida sin un apóstol o ministerio profético no tendrá el fundamento adecuado para un máximo crecimiento.

Los profetas han estado activos en la Iglesia en los casi veinte siglos de existencia de esta, pero después de que la Iglesia cayó en la apostasía, ellos dejaron de ser reconocidos como tales, especialmente por la generación a quien ellos le ministraban. Pero creo que la hora ha llegado en la cual Cristo Jesús ha determinado traer reconocimiento a sus profetas. Todos los cinco ministerios deben ser restaurados a la Iglesia antes del regreso de Cristo (Hechos 3:21).

Los profetas son ungidos especialmente para percibir lo que sigue en la agenda de restauración de Dios. Entonces ellos levantan sus voces como trompetas para alertar, preparar y retar a la Iglesia y así conquistar aquella parte de la verdad que debe ser restaurada en esta hora. Los profetas son los ojos del cuerpo de Cristo, son los trompetistas en el ejército del Señor para dar un sonido claro revelando los deseos del Comandante y Jefe.

Creo que la década de los ochenta ha sido designada en los consejos de Dios, como el tiempo de llevar hacía adelante el ministerio del profeta. Antes de que la década de los 80 haya terminado Dios habrá levantado y llamado a miles de profetas. Su ministerio será aclarado y ampliado hasta que mundialmente todas las Iglesias de la verdad presente los reconozcan como dones ordenados por Dios para la Iglesia. Ellos no serán rechazados e ignorados, sino que serán aceptados y activados en la plena autoridad y unción en el oficio de profeta. El Espíritu Santo ha sido comisionado por Cristo, la cabeza de la Iglesia, para llevar adelante y preparar a los profetas para su presentación y desempeño.

Cristo declaró que Elías, el profeta, debe aparecer antes de que Él sea manifestado en su plenitud como Mesías. Juan el Bautista cumplió la profecía acerca de la primera venida de Cristo. La compañía de profetas con el manto profético de Elías está surgiendo para preparar el camino para la segunda venida de Cristo, en la plena manifestación de Su ministerio como Rey de reyes y Señor de Señores. El clamor del Espíritu Santo es para que los profetas sean manifestados. La Iglesia está pidiendo profetas santos y verdaderamente ungidos de Dios. Los profetas están llegando, porque el Espíritu y la Novia están diciendo, "Ven."

PREDICACIÓN PROFÉTICA (1 P. 4:11)

El predicar y el profetizar no son lo mismo. Predicar es normalmente el hablar verdades bíblicas que han sido investigadas, estudiadas, y organizadas para la presentación. La profecía usualmente es improvisación por inspiración divina y conocimiento revelatorio. La predicación proclama el Logos, mientras que la profecía nos da una palabra rhema del Logos. Ambas son la Palabra de Dios.

La predicación profética no es lo mismo que simplemente obtener la mente del Señor acerca de que sermón predicar el Domingo, o el ser ungido para predicar un mensaje de la Biblia especialmente preparado. Es un nivel totalmente diferente. Cualquiera de los cinco ministerios (apóstol, profeta, evangelista, pastor, maestro — Ef. 4:11) puede en algunas ocasiones ejercer el ministerio profético mientras predica.

Tal predicación profética de las verdades bíblicas es la voz directa de Dios con la mente pura de Cristo, de tal manera que las palabras precisas del predicador y las ilustraciones usadas son exactamente lo que Dios desea decirle a las personas presentes en ese lugar y en ese momento. Aunque el ministro no comience sus declaraciones con "Así dice el señor," las palabras son ungidas e inspiradas como si un profeta usara esta frase. La predicación profética es el "Oráculo de Dios" (1 P. 4:11).

EL PRESBITERIO PROFÉTICO (1 Ti. 4:14; He. 6:1,2; Hch. 13:1,3)

Una tercer manera de recibir el ministerio profético es la imposición de manos junto con la profecía por medio de hombres y mujeres de Dios que reúnen los requisitos de un presbiterio. El presbiterio sirve varias funciones en este respecto, y cada uno de ellos requiere un conjunto de requisitos diferentes, tanto como para los presbíteros como para los candidatos:

1. *Revelación Profética y confirmación* para aquellos que han sido llamados a un ministerio de liderazgo en la Iglesia.

2. *Ordenación a los cinco ministerios.* Esto es la imposición de manos para la autorización y reconocimiento como un ministro ordenado por Dios.

3. *Confirmación y activación* de los ministerios de membresía en el cuerpo de Cristo.

4. *Progreso* en la madurez cristiana.

Trataremos estas funciones en detalle en otro tomo de esta serie, pero por ahora debemos tener en cuenta que la imposición de manos es la cuarta de las seis doctrinas de Cristo lo cual una persona debe experimentar para poder llegar a la madurez (Heb. 6:1–2). Todo cristiano necesita la bendición y los beneficios de la imposición de manos y la profecía dada por medio del liderazgo ungido de la Iglesia.

Debemos mencionar que el presbiterio profético no

elimina la necesidad del oficio individual del profeta. Todos los ministros y otros en el liderazgo de la Iglesia pueden ejercer su fe y dar una palabra de profecía sobre un individuo, mientras funciona como miembro del equipo de presbiterio. Pero solo un profeta puede ministrar en ese nivel profético ordenado para el oficio del profeta.

De hecho, el ministerio del profeta ha sido ordenado para funcionar en todos los niveles del presbiterio profético, como también para llevar a cabo el oficio de profeta. Los profetas han sido ungidos para hacer en forma individual todo lo que el presbiterio profético lleva a cabo como equipo.

Sin embargo, una diferencia es que el presbiterio profético es dado el honor de extender una ordenación formal y final a un ministro. El profeta puede revelar el llamado de una persona a los cinco ministerios e imponer manos sobre ellos para ungirlo, pero la ordenación es llevada a cabo por el presbiterio.

En el Antiguo Testamento había dos grupos que reconocían y ungían a los hombres para el ministerio de liderazgo. El primero, el sacerdocio Aarónico, imponía sus manos para ordenar a los Levitas sacerdotes. Los sacerdotes y sus candidatos tenían que durante este proceso llenar ciertas estipulaciones y requisitos.

El otro grupo que reconocía y ungía el liderazgo eran los profetas. Ellos no tenían el mismo sistema de restricciones como los sacerdotes; los profetas simplemente le hablaban a aquel que Dios les mostraba. Ellos llamaban y ungían a cualquiera que Dios les indicaba, sin tener en cuenta ningún otro factor. Un ejemplo de esta elección fue demostrado por Samuel al ungir a David para su reinado en su juventud.

Estos dos grupos del Antiguo Testamento tienen sus paralelos en la Iglesia. El presbiterio profético es un paralelo al sacerdocio de Aarón. Como el sacerdocio antiguo, muchos líderes de la Iglesia han establecido numerosos requisitos , para el liderazgo. Estas estipulaciones no necesariamente se encuentran en la Biblia, pero son guías que han sido desarrolladas a través de los años.

Los profetas de nuestro día son paralelos a aquellos del Antiguo testamento. Ellos también funcionan sin restricción por parte del presbiterio profético. Actualmente, el presbiterio profético no consideraría a un joven como David como candidato al presbiterio profético, pero un profeta en la Iglesia puede sin embargo llamarle de en medio de la congregación, imponer manos sobre él, profetizar su llamado, y ungirlo para el ministerio. El presbiterio profético (conforme al orden del sacerdocio de Aarón que fue restaurada en 1948) no nos permitiría profetizarle a un joven de trece años que él era llamado a ser un apóstol (Rey). El profeta tiene libertad de seguir la dirección del Señor sin las limitaciones y restricciones del presbiterio profético.

Todo ministro necesita ser ungido apropiadamente con una ordenación formal a su ministerio y don de ascensión. Todo santo necesita el presbiterio profético para ser confirmado y activado en su ministerio de membresía. El presbiterio profético es un ministerio importante en la Iglesia neotestamentaria.

EL DON DE PROFECÍA (Hch. 2:17; 1Co. 2:10; 14:1, 3, 4, 6, 22, 24, 31, 39; 1 Ts. 5:20; Ro. 12:6)

La profecía es una de las nueve manifestaciones del Espíritu Santo mencionada en 1 Co. 12. v. 7 declara que la manifestación es dada; es un don, una gracia, una habilidad divina no merecida. No es dada en base a la madurez cristiana, sino porque Cristo desea bendecir a la Iglesia por medio de su don y otros dones. Así que estos dones son recibidos y administrados por gracia y por fe.

El Espíritu Santo tiene los nueve dones, pero Él los distribuye individualmente a sus santos conforme a su voluntad. Él ha dispuesto que cada creyente que ha nacido de nuevo y que es lleno del Espíritu tanga uno o varios dones. Estos dones no han sido dados para edificación propia, pero para la edificación de todo el cuerpo de Cristo.

La única excepción a esta regla es el don de lenguas. De acuerdo al apóstol Pablo, el propósito principal de este don es para fortalecer el hombre interior para edificación propia: "Aquel que habla en una lengua desconocida se edifica a sí mismo; pero aquel que profetiza edifica a la Iglesia....Aquel que habla en una lengua desconocida no habla a los hombres sino a Dios...pero aquel que profetiza habla a los hombres para edificación, exhortación y consolación" (1 Co. 12:2,4).

Las lenguas habladas en una reunión pública no benefician a la congregación, a menos que estas sean interpretadas en el idioma de las personas que están presentes. Las lenguas con interpretación tienen los mismos beneficios que los de la profecía: "Porque mayor es el que profetiza que el que habla en lenguas, a no ser que las interprete para que la iglesia reciba edificación" (1 Co. 14:5). Esta edificación de la Iglesia debe ser de hecho la motivación primordial de los santos que desean ministrar los dones espirituales: "Así también vosotros; pues que anheláis dones espirituales, procurad abundar en ellos para edificación de la Iglesia." "¿Qué hay, pues, hermanos? Cuando os reunís, cada uno de vosotros tiene salmo, tiene doctrina, tiene lengua, tiene revelación, tiene interpretación, Hágase todo para edificación" (1 Co. 14:12,26).

Por esta razón, la profecía es importante en la vida de la Iglesia, porque la profecía es el don más edificante para la congregación. Los otros ocho dones traen consigo un enfoque específico como el del "rifle", que normalmente bendice a una persona en particular o tal vez a varios. La profecía por otra parte es un don como la "escopeta" la cual puede bendecir a cientos de personas a la misma vez.

Esta es la razón por la cual Pablo le dijo a los santos de Corinto "Seguid el amor y procurad los dones espirituales, pero sobre todo que profeticéis...así que, hermanos, *procurad profetizar,* y no impidáis el hablar en lenguas" (1 Co. 14:1,39). Él le dijo a los Tesalonicenses "no menospreciéis las profecías" (1 Ts. 5:20). A la Iglesia de Roma les escribió: "De manera que, teniendo diferentes dones, según la gracia que nos es dada, si el de profecía, úsese conforme a la medida de fe" (Ro. 12:6). El profetizar evidentemente era un evento común y corriente que se llevaba a cabo en todas las Iglesias que Pablo había establecido. Pablo dijo que él había proclamado la Palabra de Dios de cuatro maneras diferentes: "Hablaré con revelación, o con ciencia, o con profecía, o con doctrina" (1 Co.14: 6).

Pedro también enseñó las mismas verdades acerca de las manifestaciones espirituales en los santos: "Cada uno según el don que ha recibido minístrelo a los otros, como buenos administradores de la multiforme gracia de Dios" (1 P. 4:10).

Debemos tener en mente que el don de profecía no es lo mismo que el oficio de profeta. El don es más bien una extensión del ministerio del Espíritu Santo, mientras que el oficio del profeta es una extensión del ministerio de Cristo. El don es una función del ministerio del cuerpo, mientras que el oficio del profeta es una función de la cabeza del cuerpo.

EL ESPÍRITU DE PROFECÍA Y EL CANTO PROFÉTICO

El espíritu de profecía es el testimonio de Jesús (Ap. 19:10). Este no es el don de profecía o el oficio de profeta, pero una unción que proviene del Cristo que está en el creyente. Esto toma lugar en servicios donde hay una unción especial, o cuando los cristianos ejercitan su fe para ser una voz por medio de la cual Cristo puede testificar.

Aquellos que no son profetas o que no tienen el don de profecía normalmente no profetizarán; pero cuando el espíritu de profecía está presente, lo pueden hacer. Esto sucede bajo una de estas tres condiciones:

Una presencia profética poderosa del señor en el culto, lo cual hace que sea más fácil profetizar que mantenerse callado.

El estar entre una **compañía de profetas** o bajo el manto de un profeta ungido.

El pueblo es **presentado con desafío por un ministro** para permitir que Dios testifique a través de ellos por el espíritu de profecía.

En estas ocasiones cualquier santo puede ejercer su fe para profetizar: "si el de profecía, úsese conforme a la medida de la fe" (Ro. 12:6). "Porque podéis profetizar todos uno por uno, para que todos aprendan, y todos sean exhortados" (1 Co.14:31). Aquellos que profetizan bajo estas circunstancias no deben asumir que ellos tienen el don de profecía o el oficio de profeta. Si ellos continúan ejercitando su fe de esta manera, la confirmación por parte del profeta o presbiterio profético puede darles a conocer hasta que nivel ellos han sido llamados para fluir en lo profético.

En números 11:24–30, cuando Dios tomó el manto profético de Moisés y lo deposito sobre los setenta ancianos de Israel, ellos entonces pudieron profetizar. En ese momento dos Israelitas que no estaban cerca de los congregados comenzaron a profetizar y Josué le dijo a Moisés que se los impidiera. Moisés respondió con su declaración famosa: "Ojalá todo el pueblo de Jehová fuese profeta, y que Jehová pusiera su Espíritu sobre ellos." Otra vez en 1 Samuel 10:10, Saúl se encontró con una compañía de profetas, y el espíritu de profecía se posó sobre él y comenzó a profetizar. Estos relatos deben animar a aquellos que quieren aprender a profetizar y deben buscar a un profeta o una compañía de profetas que les entrene en como activar su fe para que ellos puedan fluir en el espíritu de profecía.

El Canto del Señor (Col. 3:16) es el espíritu de profecía expresando los pensamientos y deseos de Cristo en canto.

La Escritura dice de Jesús que "en medio de la congregación" él "te alabará" (He. 2:12) y que Dios "Se gozará sobre ti con alegría, callará de amor, se regocijará sobre ti con cánticos" (Sof. 3:17). El canto profético es parte de la naturaleza de Cristo. Él es un Salvador que canta y él desea cantarle a su Iglesia por medio del espíritu de profecía. Cualquier santo puede participar en esto, pero la unción es mayor cuando el canto proviene de un profeta o profetisa o una persona con el don de profecía.

Naturalmente, es preferible que una persona con voz melodiosa lleve a cabo ésta función. Muchas veces he recibido palabras del Señor, y algunas de ellas tienen rima; pero ya que no tengo una voz melodiosa para que el Espíritu Santo use, me abstengo de entonar canciones proféticas. Para que yo pueda cantar una profecía que sea de bendición al espíritu y agradable al oído, Dios no solo tiene que darme una unción profética, Él también tiene que obrar un milagro en mi voz. Así que yo le canto proféticamente al Señor cuando estoy a solas con Él, pero profetizo con palabras cuando estoy con otras personas.

A través de la Biblia leemos una y otra vez que debemos "cantar al Señor un cántico nuevo" (Sal. 33:3, 40:3; 96:1; 98:1; 144;9; 149:1; Is.42:10). Aún el libro de Apocalipsis revela que cuando todos los redimidos de las edades se reúnan, ellos cantarán un cántico nuevo (5:9; 14:13). El canto profético es una parte de la restauración de lo profético. Cantar es una actividad de Dios y de la Iglesia eterna. Creo que los "cantos espirituales" son lo mismo que los cantos proféticos, así que debemos continuar "hablando entre nosotros con salmos, con himnos y cánticos espirituales, cantando y alabando al Señor en nuestros corazones" (Ef. 5:19).

6

LAS PROFECÍAS PERSONALES SOBRE MINISTEROS, DONES Y LLAMADOS

Cada miembro en el Cuerpo de Cristo tiene un ministerio especial de membresía que cumplir. El Espíritu Santo distribuye dones y talentos a cada hijo de Dios y Jesús ha llamado algunos a ser apóstoles, profetas, evangelistas, pastores o maestros. La profecía personal puede jugar un papel importante en ayudar a los santos a llegar a conocer su lugar y función en la Iglesia.

¿Cómo llega a conocer un cristiano su llamado, don o unción para el ministerio? Los ejemplos bíblicos revelan numerosas maneras: los sueños, visiones, manifestaciones sobrenaturales, la voz de Dios, visitas angelicales, el testimonio del Espíritu Santo y la iluminación de un versículo que se convierte en una palabra rhema para el individuo. Con algunos, Dios simplemente coloca un deseo ferviente de ser un ministro del evangelio. En el caso de los doce apóstoles, Jesús les dio un llamado mediante una invitación personal. Después de Su resurrección, El Señor le apareció a Pablo en Su cuerpo resucitado y por medio de una luz brillante llamó al apóstol personalmente. El Señor, después envió a un discípulo con una unción profética quien le impuso las manos y profetizó con más detalles sobre su ministerio como apóstol de la Iglesia para los gentiles. En el Antiguo testamento, David llegó a conocer su ministerio como rey por medio de la profecía personal, dada por el profeta Samuel. En el Nuevo Testamento, Timoteo llegó a conocer sus dones y llamado por medio de la imposición de manos y por medio de la profecía de Pablo y el presbiterio profético.

Dios, evidentemente, nunca se ha limitado a un solo método para llamar a sus siervos. Si usted es un ministro, recuerde cómo recibio inicialmente su llamado, cómo fue confirmado y cómo Dios obró para que llegara hasta su ministerio presente. Probablemente no hay dos llamados exactamente iguales. Si usted no es un ministro ordenado, ¿Cómo recibió su llamado como miembro del cuerpo de Cristo? Si todavía no conoce su ministerio de membresía, necesita descubrirlo, de la misma manera que el ministro debe saber cuál de los cinco dones de ascensión él ha recibido.

Gracias a Dios por la restauración del profeta y de la profecía personal. Los ministerios ahora pueden ser dados a conocer a los que no lo conocían y también ser confirmados en aquellos que si saben cual es ministerio. Cada miembro debe llegar a la plenitud del ministerio de membresía antes de que la Iglesia pueda alcanzar su madurez y sea preparada apropiadamente para la venida del Señor. Por esta razón, podemos entender el por qué Cristo esta restaurando Su ministerio de profeta en la Iglesia de la manera como Él lo ha ordenado.

MI LLAMADO AL MINISTERIO

Mi llamado al ministerio no involucró una visión, sueño, visita angelical o una voz del cielo. Aunque la mayoría de las personas creen que para llegar a ser un profeta, uno debe tener alguna experiencia sobrenatural extraordinaria, no recibí ningún evento especial. Después de conocer al Señor, todo lo que recibí fue un deseo grande de convertirme en un ministro.

Oraba por horas y ayunaba hasta por siete días consecutivos, para obtener alguna manifestación sobrenatural y confirmación divina de este deseo que tenía de entrar al ministerio. Busqué tal confirmación porque no tenía manera de saber si era mi propia ambición o el llamado de Dios y la convicción del Espíritu Santo. Los eventos que tomaron lugar fueron providencia de Dios y eventualmente abrieron camino para el ministerio, pero no fue sino hasta dos años después de haberme convertido en pastor que recibí confirmación adicional sobre este deseo y convicción, que había sido llamado a ser ministro de tiempo completo.

Las profecías que fueron declaradas sobre mí en 1953 por el presbiterio ministerial describían las actividades, dones y ministerio de alguien que sería un ministro, pero no encionaron el oficio ministerial de los cinco ministerios, ni usaron las palabras predicador o ministro. Durante los dos primeros años de mi ministerio pastoral empecé a cuestionar si realmente había sido llamado. Pero gran seguridad y ánimo me fueron dados cuando en 1956, un profeta me llamó de en medio de la audiencia y me dio una profecía de media página con la declaración final que decía: "He aquí, te he llamado como un profeta en estos últimos días. Sin embargo, aunque su cumplimiento te parezca lento yo perfeccionaré todo aquello que te concierne." Finalmente, tuve una confirmación clara de que había sido llamado, y más específicamente al oficio de profeta.

He concluido desde entonces, que una de las razones por la que Dios no me dio visiones, sueños o las visitas sobrenaturales que yo había pedido, implorado, ayunado y orado por horas, era porque Él me estaba preparando para el tiempo cuando me convertiría en uno de Sus instrumentos pioneros y propagaría el ministerio de restauración de profetas y la profecía personal. Él quería que yo tuviera un aprecio por este ministerio. Si yo hubiera sabido todo acerca del ministerio que tendría, y si no hubiera escuchado a los ministros y santos que fueron usados para profetizar ministerios y llamados nuevos, no habría estado dispuesto más tarde a estar de pie por horas profetizando sobre centenares de personas. Probablemente hubiera creido que, " Oré y busqué a Dios y por mi propio esfuerzo descubrí *mi* llamado." Dios *me* habló, y si otros quieren conocer su llamado, ellos tendrán que pagar el precio que yo pagué, para que Dios les hable como lo hizo conmigo."

A través del llamado de Dios, la preparación y unción, Él me ha permitido profetizar a más de quince mil personas. Durante estos treinta y cinco años de ministerio profético, he profetizado a centenares de ministros y he traído revelación y confirmación a sus llamados a los dones de ascensión. Dios a menudo me ha guiado para que llame a hombres en la congregación que no estaban en el ministerio, y les he profetizado acerca del llamado a un ministerio especial. Algunos nunca se habían visto como ministros; esto era una revelación nueva para ellos.

Un testimonio de esto tiene que ver con una profecía la misma noche que Dios abrió el río interminable del fluir profético a través de mí. Profeticé sobre un hombre de negocios que era presidente del Full Gospel Businessmen Fellowship International (Comunidad Internacional de Hombres de Negocio del evangelio Completo). Sus hijos habían crecido y él tenía negocios bien establecidos y sin planes de convertirse en un ministro o misionero. Éste es su reporte:

> *Mi esposa y yo estábamos en una reunión en Sacramento, California, en enero de 1973. Estaba sentado en la plataforma y mi esposa estaba sentada en el auditorio. El Dr. Hamon estaba profetizándole a diferentes personas bajo una fuerte unción. Él señaló hacia mi esposa en la audiencia y me llamó de la plataforma, y preguntó si estabamos relacionados. Dijimos que sí, y nos llamó para darnos una profecía.*
>
> *La profecía incluía varias declaraciones acerca de que Dios nos había llamado para el ministerio y que dentro de un año estaríamos en otro país*

predicando el evangelio. No pude entender esto, y tampoco creía que podría ser Dios. Pero once meses después Dios nos había llamado a ser misioneros en México; hemos estado allí por un espacio de ocho años.

Otro testimonio viene de un hermano que había sido pastor de jóvenes por varios años. Este segundo reporte también demuestra que los profetas a menudo hablarán de un ministerio que nunca antes habria sido considerado por la persona recibiendo la profecía:

Dr. Hamon, usted me profetizó que comenzaría la iglesia de los niños y que tendría un ministerio con los jóvenes, porque Dios me había ungido para ese ministerio. Usted profetizó que ellos son la Iglesia de hoy y el liderazgo del mañana y que yo debía ministrar a esta parte de Su Iglesia y preparar Su liderazgo.

Cuando salí de la iglesia estaba desconcertado. Nunca había estado en compañía de profetas, y nunca había pensado en ese ministerio o había sentido el deseo de ministrarle a los niños y a los jóvenes comencé a pensar que usted se había equivocado. El ministerio inmediato que usted me había profetizado era completamente opuesto a lo que creía Dios quería que hiciera. ¡Pensé que tal vez mi pastor lo había sobornado para que me profetizara esa palabra!

Nunca antes había trabajado con niños. Así que tenía mis ideas de lo que podía y debía hacer en el ministerio, y no incluía el ministerio de niños. ¡Pero esa profecía cambió completamente mi dirección, mi manera de pensar y mi vida! Debido a mi disposición mental previa acerca del ministerio, no entendí inmediatamente lo que usted me decía. Pero actué con fe sobre 2 Crónicas 20:20 y creí en Sus profetas para así ser prosperado. Mi pastor estaba en total acuerdo, con la palabra, así que él nos asignó el ministerio de los jóvenes. Dios ha prosperado grandemente los ministerios de los niños y jóvenes.

Este hermano y su esposa han hecho un trabajo sobresaliente con la Iglesia de los niños y el ministerio de los jóvenes. Durante los últimos cuatro años han desarrollado uno de los ministerios de jóvenes más exitosos de entre todas las Iglesias. Ahora aman y demuestran una gran satisfacción en este ministerio como pastores de jóvenes.

Activando Ministerios por medio de la Profecía Personal. La profecía personal cuando verdaderamente proviene del Espíritu Santo demuestra que Dios es el que está hablando. Cuando Dios dice algo, es decretado en los cielos. Es concebido en el espíritu de la persona que recibe la palabra del Señor, y la palabra de Dios lleva consigo el poder creativo que da vida y trae realización personal.

El aceptar la palabra profética divina es como la concepción que se lleva a cabo en la matriz de una madre, o el sembrar una semilla de maíz en la tierra. El bebe nacerá y crecerá si la madre no hace nada para abortar el proceso. La semilla germinará, crecerá y producirá una o dos mazorcas grandes si el agricultor la riega, cultiva, deshierba, y la cuida para prevenir plagas y enfermedades.

La profecía personal de parte de los profetas y el presbiterio profético es uno de los métodos ordenados por Dios para sembrar la semilla del ministerio y los dones en un individuo. La unción que fluye con la palabra profética es como la levadura que hace que el pan se levante o el agua que hace que las semillas crezca en tierra seca. El ministerio puede ser activado por la profecía personal y la unción profética pero toma disciplina, diligencia y desarrollo continuo para traer al ministerio consistencia y madurez con manifestaciones poderosas. De los cinco ministerios de ascensión, los profetas tienen la unción más grande y la capacidad de impartir y activar dones y ministerios.

Debemos recordar que este ministerio no funcionará por medio de profetas que se han llamado a si mismos profetas. No funcionará por medio de alguien que habla presuntuosamente, haciendo declaraciones proféticas de fe para llevar a cabo sus propias ideas y deseos. Los pensamientos declarados deben tener su origen en la mente y voluntad de Dios para que puedan ser creativamente productivos.

Siempre hay aquellos que aprenden una verdad y entonces tratan de traer resultados por medio de fórmulas de fe, enseñanza teológica, o disciplinas doctrinales, pero esto es obra del Espíritu por medio del ministerio profético ordenado por Dios. Cualquier sustituto es una falsificación. Esto no sería productivo y sería un obstaculo para la persona que está profetizando y para él que está recibiendo la palabra sin unción.

Cuando la profecía personal fluye en el orden divino, concebirá y activará el ministerio de los miembros y de los ministros en la Iglesia. A continuación mencionaré dos ejemplos de la vida de aquellos que han probado estos principios.

En 1985 un pastor de Carolina del Norte asistió a uno de nuestros Seminarios Proféticos y del Espíritu Santo. Él asistió a la sesión sobre cómo activar los dones del Espíritu Santo en nuestras vidas y fue ministrado por mi persona y por el presbiterio profético; el equipo estaba conformado por el personal de CI y la compañía de profetas presente (Normalmente, hay tres profetas en cada equipo profético, y una o dos personas que están con el equipo recibiendo entrenamiento y activación). Este pastor recibió varias profecías acerca de muchas áreas de su vida. El Señor me dio revelación para profetizar dones y ministerios específicos que serían manifestados en su vida, incluyendo la palabra de ciencia y unción para ministrar profecía personal y sanidad.

Hablando más tarde con él me explicó que apreciaba las palabras y el entusiasmo de aquellos que le habían ministrado, pero que él no fluia en esas áreas. Él me dijo que había viajado con uno de los ministros más usados en la sanidad y que manifestaba los dones del Espíritu, pero que nunca había funcionado con él. Él no dudaba que Dios algún día podía usarle de esa manera, pero en ese momento él no podía entender la palabra.

Sin embargo, este pastor nos llamó una semana después con un reporte impresionante. Cuando él llegó a su casa y comenzó a ministrar el domingo en la mañana, el Espíritu Santo comenzó a moverse en él y su fe fue activada y empezó a hacer exactamente lo que la profecía personal había declarado. A la 1:30 de esa tarde él todavía estaba dando palabra de ciencia, profetizando y ministrando sanidad a aquellas necesidades que Dios le había revelado. La palabra profética había concebido y activado los dones y la unción para ese ministerio.

Además, Dios usó una situación pequeña para asegurarse de que el pastor ejercitará su fe y le permitiera a Dios obrar. Él había traído a uno de sus nuevos convertidos al seminario. De regreso a casa este cristiano nuevo le dijo, "¿Pastor, no es emocionante lo que Dios va a hacer por medio de usted cuando regresemos a casa este Domingo? ¿Recuerda lo que Dios dijo por medio de los profetas que usted haría al regresar?" Él tendría que desacreditar a los profetas y la profecía delante de este miembro nuevo, o tendría que creer y esperar en Dios para hacer lo que se le había profetizado. Así que él confió en Dios y fue establecido en su fe para creer que se cumpliría; él creyó en los profetas de Dios y prosperó en su ministerio.

Este testimonio es típico de muchas otras personas a quienes se les ha ministrado profeticamente y han obtenido resultados similares. Con frecuencia les recuerdo a los participantes en el seminario que nosotros no imponemos manos vacías sobre vasos vacíos, pero imponemos manos ungidas sobre cabezas ungidas para recibir resultados ungidos. Siempre esperamos que los dones sean impartidos y activados en aquellos que asisten a nuestros seminarios, así como Billy Graham espera que el don de la vida eterna sea impartido y activado en aquellos que asisten a sus campañas. El mismo evangelio de verdad que predica que trae fe y convicción para recibir el don de la vida eterna es la palabra de fe que predicamos y que trae la unción y fe para activar los dones y llamados de Dios en su pueblo.

Aun otro testimonio del poder profético para activar un ministerio proviene de parte de un líder de un grupo musical que ministró conmigo en una reunión en Atlanta, Georgia, en Octubre de 1979. Les profeticé a todos los integrantes del grupo en esa reunión. Parte de la profecía para un joven era que Dios le estaba dando la habilidad de escribir cantos, y que estos cantos serian entonados alrededor del mundo.

Él testificó que unos meses después de la profecía, el coro "Yo Soy" fue inspirado en él. Ese fue el primero de los muchos coros que él ha escrito desde ese entonces. La palabra profética ungida del profeta fue la semilla sembrada, y la unción profética la que despertó una habilidad mayor en él.

Este músico siguió regando la semilla con oración, meditación, y con lealtad siguió fluyendo en su ministerio hasta que la semilla germinó, brotó y pasó de ser una unción en su espíritu a una revelación en su mente, lo cual trajo entendimiento para las palabras y la música para los cantos. Él ha sido fiel cultivando esa planta, que ahora ha cosechado cientos de canciones y coros nuevos que son una bendición al cuerpo de Cristo alrededor del mundo. El responder adecuadamente a su profecía personal, trajo consigo que cada palabra llegara a su cumplimiento.

Una Práctica Común en la Iglesia Primitiva. El impartir y activar un ministerio era una práctica común en la Iglesia primitiva. Podemos ver esto en las palabras de Pablo a Timoteo: "No descuides el don que hay en ti, que *te fue* *dado mediante profecía* con la imposición de las manos del presbiterio." Pablo le recordó a Timoteo que su don divino fue impartido sobre él por medio de la profecía (1 Ti. 4:14). En su segunda epístola le volvió a recordar "por lo cual te aconsejo que avives el fuego del don de Dios que está en ti por la imposición de mis manos" (2 Ti. 1:6). Evidentemente el apóstol creía y practicaba el ministerio de la imposición de las manos y la profecía para impartir y activar los dones divinos y ministerios en el pueblo de Dios. Esto fue confirmado por la declaración de Pablo a los cristianos de Roma, con los cuales deseaba estar, "Porque deseo veros, para comunicaros algún don espiritual, a fin de que seáis confirmados" (Ro. 1:11).

Estos versículos son suficiente para demostrarnos que ésta práctica era un ministerio establecido y normal en la Iglesia; de hecho, hay muchos versículos sobre este tema y otras prácticas cristianas básicas, tales como la santa cena, el bautismo, el diezmo, las ofrendas, el coro, la orquesta de la Iglesia, y el orden de las reuniones de la Iglesia. Tenemos referencias claras en las epístolas y ejemplos en el libro de los Hechos acerca de la imposición de manos, activación, sanidad, dirección del Espíritu Santo, revelación, instrucción general y ánimo. Además debemos recordar que la "imposición de manos " es uno de las seis doctrinas importantes de Cristo que han sido mencionados en Hebreos 6:1-2.

Las Iglesia y los cristianos que no practican este ministerio o que no lo tienen disponible, están perdiendo una obra muy importante del espíritu Santo. Las Escrituras nos dicen que el Espíritu trae iluminación, y nos muestra las cosas que han de venir, para revelar ministerios, y activar los dones. El profeta y la profecía personal son instrumentos y formas que el espíritu Santo usa para llevar a cabo esta obra.

7

LA PROFECÍA PERSONAL EN PERSPECTIVA

En el transcurso de la vida de los ministros, al igual que los miembros de la Iglesia muchas decisiones son necesarias. Todo cristiano consagrado desea hacerlas de acuerdo a la voluntad de Dios. Cada uno desea que toda acción y actitud esté en perfecta armonía con el cielo.

La Biblia nos da instrucciones claras como guía general de las normas que rigen nuestras vidas. ¿Pero cómo podemos hacer decisiones acerca de asuntos particulares en los que la Biblia no nos da una guía específica? Por ejemplo, el caso del joven cristiano soltero que gusta de dos jóvenes cristianas. Las dos llenan los requisitos bíblicos de una esposa, pero él no se puede casar con las dos. Él entonces busca una palabra específica de parte de Dios sobre su voluntad en este asunto. ¿Cómo determina él, cual es la decisión correcta?

La profecía personal puede jugar un papel muy importante en ayudar a los creyentes a hacer decisiones de esta naturaleza. Usted se preguntará, "¿Pero es correcto — o bíblico — que un cristiano vaya donde un profeta y espere recibir una palabra profética de dirección, instrucción o confirmación?" la respuesta es sí. La Biblia nos da muchos ejemplos de personas, en posiciones de liderazgo que fueron donde un profeta, a pedir un "así dice el Señor" acerca de una situación específica.

En el Antiguo Testamento, el pueblo de Dios con frecuencia buscaba al sumo sacerdote para pedirle respuestas directas sobre la voluntad de Dios por medio del Urim y Tumim. Estos eran usados regularmente por el sacerdote para dar una respuesta de si o no de parte de Dios al que preguntaba. Al profeta del neotestamentario le ha sido otorgados el Urim y Tumim del Antiguo Testamento.

Dios aprueba esta práctica siempre y cuando nosotros no permitamos que la profecía personal sustituya el buscar a Dios en ayuno, oración y el estudio de la palabra. Los santos neotestamentarios, no deben usar al profeta y la profecía personal como la voz interna del Espíritu Santo. Al contrario, ellos son una extensión del ministerio del Espíritu Santo comunicando la mente de Cristo a cada miembro del cuerpo de Cristo.

Creo que es bíblico que ministros y santos busquen conocimiento, confirmación, y dirección de parte de un profeta sobre la voluntad específica de Dios, como es el buscar dirección en la consejería con un pastor. El pastor normalmente usará principios bíblicos y versículos para guiar a una persona. Algunas veces, él aplicará el Logos a una situación específica ya sea para matrimonios, negocios, ministerio, o traslados y como resultado insistirá enfáticamente diciendo, "No creo que eso sea la voluntad de Dios para usted."

El profeta, sin embargo, puede usar el Logos que reside en él y dará una palabra rhema que responderá a las preguntas de una persona. Un profeta maduro que no está involucrado personalmente en la situación, puede declarar la mente de Cristo en el asunto sin permitir que sus convicciones personales o teología influencien su respuesta. Con frecuencia, la persona pide palabra sin revelar la situación. La unción del profeta (que puede ser llamada palabra de ciencia o sabiduría en el santo) permite enfocar el problema con un conocimiento específico sobre la clase de consejo y propósito de Dios sobre el asunto.

Hace algunos años, a medida que mi reputación como profeta comenzaba a extenderse, ministros y santos comenzaron a llamarme para que les diera una palabra del Señor sobre situaciones específicas. Algunas personas en la Iglesia locales se acercaban con preguntas y para que les ministrara proféticamente. Al principio temía responder, ya que no creía tener derecho de esperar que Dios me diera una respuesta para ellos.

Así que hice un estudio a fondo de las Escrituras y descubrí que de hecho era la prerrogativa del Profeta pedirle a Dios esta clase de información. También descubrí que Dios no me daría una respuesta específica para cualquier pregunta o petición que se hiciera. La ley de Moisés daba instrucciones específicas acerca de las relaciones humanas, y principios generales de cómo hacer lo que es correcto antes los ojos de Dios. La ley tenía que ser consultada primero.

La profecía no es un juguete o una forma de satisfacer nuestra curiosidad. He descubierto que Dios no contestará preguntas que pueden ser resueltas por un estudio diligente de las Escrituras. Ni tampoco Cristo en el profeta responderá positivamente cuando se hacen peticiones insinceras o preguntas tontas.

Con frecuencia la gente venía a Jesús con preguntas específicas. Cuando la interrogante provenía de un fariseo, saduceo o abogado escéptico, la motivación usualmente no era pura; generalmente Jesús respondía con otra pregunta, parábola, o una declaración breve sin explicación, y que daba la impresión de tener un significado doble. Por otro lado, aquellos que fielmente le siguieron y hacían preguntas apropiadas recibían respuestas claras y llenas de compasión.

Hay personas que en determinadas ocasiones nos han hecho preguntas inapropiadas y las respuestas aun cuando fueran contestadas por el cielo, hubiera sido mucho mejor no decir nada al respecto. Algunos me han dicho, por ejemplo, "Mi hijo murió hace dos años en un accidente automovilístico; ¿Está en el cielo o en el infierno?" "Mi casa se quemó hacen seis años; ¿fue esto un accidente o incendio premeditado?" Algunos adolescentes frecuentemente me piden que describan a la persona con quien ellos se casarán.

Si las respuestas a estas preguntas son desagradables, el profeta debe hacer uso de su sabiduría y no contestar aun cuando él sepa la respuesta. ¿Desearía la madre saber que su hijo fue al infierno y que está sufriendo un tormento eterno? ¿Deseará la joven saber que ella envejecerá y que no se casará? No, Jesús quiere que vivamos por fe, con la esperanza y expectativa de que obtendremos las bendiciones más grandes y mejores en nuestras vidas.

No hemos sido creados con la capacidad de saber mucho acerca de nuestro futuro; este conocimiento haría muy difícil vivir en el presente y sin preocupaciones. Jesús nos enseñó que cada día tiene sus propios problemas y desafíos, y que no debemos preocuparnos por el día de mañana. Normalmente Dios revela proféticamente sólo aquellas cosas que necesitamos saber para hacer una preparación adecuada.

Algunas cosas, por ejemplo, serían edificantes saberlas, o podrían proveernos una salida. Recientemente, en uno de nuestros seminarios proféticos y al final de una sesión de presbiterio una dama se acercó con una pregunta "Mi esposo," dijo ella, "despareció en la guerra hacen diecisiete años, ¿puede decirme si está vivo o muerto? Necesito saberlo. He buscado al Señor por años en oración, y no he recibido una respuesta clara.

La compasión de Cristo y la unción del profeta en mi respondieron, "Su espíritu no está en su cuerpo mortal." Esta querida hermana inmediatamente sintió libertad en su espíritu, su angustia y confusión se disipó y ella experimentó la paz de Dios. No sé porque el Señor deseaba que ella tuviera la respuesta a su pregunta de esa manera. Me alegra saber que ella no preguntó si él había ido al cielo o al infierno, ya que no tenía claridad en mi espíritu. Si ella me hubiera hecho esta pregunta, simplemente hubiera tenido que decirle, "El Señor no me lo ha mostrado". Pero la información que ella recibió fue de gran ayuda.

El ministerio del profeta que habitaba en Cristo, y que le daba la habilidad de dar respuestas específicas a preguntas que no podían ser contestadas exclusivamente por las Escrituras, ha sido depositado en los profetas de la Iglesia de hoy. Algunos preguntarán, "¿Pero donde están los ejemplos bíblicos en el Nuevo Testamento para verificar estos hechos?" ¿Dónde están los ejemplos de personas que se acercaron al profeta y recibieron respuestas específicas a sus preguntas?" les diría que hay igual número de ejemplos en el Nuevo Testamento de profetas dando dirección profética específica sobre asuntos personales, como hay de pastores aconsejando personas sobre los mismos asuntos.

Ningún texto en el Nuevo Testamento declara o sugiere que el profeta de la Iglesia no tiene los derechos ministeriales de los profetas del Antiguo Testamento, así como también el don y la gracia de la unción profética de Cristo. Si el nuevo pacto no elimina ciertas prácticas o ministerios llevados a cabo en la antigüedad, entonces están a disposición en la Iglesia de hoy. Toda la ley y los Profetas han sido cumplidas en Jesús. Cuando Él ascendió al cielo, le concedió a la Iglesia los profetas, y todo lo que Jesús nos dio en el nuevo pacto es mejor que el pacto antiguo. Jesús le dio a la Iglesia, los profetas y ellos tienen todos los derechos y privilegios del pacto antiguo y mucho más.

Sí, es bíblico que una persona vaya donde un profeta, confiando que Dios sobrenaturalmente suplirá su necesidad. Usted puede hacer una pregunta y esperar una respuesta. Pero la pregunta, motivación, y actitud debe ser la correcta para de esta manera pueda recibir la respuesta.

Por esta razón, usted no debe buscar a un profeta a menos que esté seguro que el Señor tiene el primer lugar en su vida. Debe buscar, orar, y estudiar las Escrituras, y debe escuchar la palabra rhema de parte del Señor hasta que sepa que ha obtenido una respuesta. Entonces, cuando se acerque a un profeta, estará preparado espiritualmente para responder correctamente.

Lo que escucha de parte del profeta no será una revelación nueva, sino más bien una confirmación de lo que ha nacido en su Espíritu. Tal confirmación le dará más confianza en su habilidad de escuchar a Dios por si mismo, y hará que reciba la palabra con fe. Entonces el poder será activado para que la palabra llegue a su cumplimiento.

Cuando una persona le pide a un profeta una respuesta, el Señor le hará responder en una de varias maneras. Si es una pregunta que requiere una respuesta sencilla de si o no, Dios lo inspirará a que responda de esa manera. Dios también puede hacer que responda con un sí pero dando ciertos requisitos; o él profeta puede decir "¡Dios no quiere que sepa la respuesta ahora mismo, así que espere!" Si está buscando recibir declaraciones proféticas sobre su ministerio a través del presbiterio profético o a través de un profeta, puedo asegurarle que va a obtener suficiente profecías que cubrirán varias páginas sobre usted y su potencial en el ministerio. En los siguientes capítulos de este libro, aprenderá que debe hacer con la profecía una vez que la ha recibido.

8

Profecías Personales Sobre Romances y Matrimonios

Dios creó al hombre y a la mujer con el deseo y capacidad para disfrutar del romance, amor y del matrimonio. El diseño original de Dios es la atracción mutua entre el hombre y la mujer, pero los cristianos necesitan más que el atractivo físico y la compatibilidad del alma. Para que haya una completa compatibilidad en una pareja debe existir la unidad de un llamado espiritual y ministerial. La consideración primordial del cristiano debe ser, "¿Es ésta la voluntad de Dios?"

El amor romántico y el deseo mutuo entre una pareja de cristianos no son la evidencia final de que es la voluntad de Dios que ellos se casen. La decisión para el matrimonio necesita de "tres pasos", la Palabra, la Voluntad y el Camino de Dios que deben ser manifestados antes de que el matrimonio sea consumado (ver capítulo 9). La Palabra de Dios dice que el matrimonio es ordenado por Dios. Así que, no es difícil obtener una luz verde sobre este aspecto.

La Voluntad, es la segunda luz verde la cuál es más difícil de determinar. De la multitud de jóvenes cristianas preciosas, un cristiano debe escoger una y debe permanecer fiel a ella. ¿Pero cuál de ellas? ¿Si una atracción mutua y el amor romántico no son prueba garantizada de la voluntad de Dios, entonces, ¿cómo se determinará cuál prospecto es la voluntad perfecta de Dios? Muchos libros han sido escritos sobre este tema y están a la venta en todas las librerías cristianas. Sin embargo, la mayoría de ellos no dicen como la profecía personal puede ayudar a determinar la voluntad de Dios en el romance y el matrimonio.

Anteriormente dijimos que en un sentido amplio, la profecía personal es cualquier método que Dios usa para revelar Su voluntad específica a una persona, ya sea por el deseo que Dios ha puesto de ser dirigido por Él, o por iluminación, revelación, visión o sueño. En esta discusión sobre el romance y el matrimonio, "rhema" será nuestro término general para referirse a todos los medios que Dios usa para comunicar su voluntad específica a una persona. El término "profecía" o "profecía personal" se referirá más específicamente al mensaje comunicado como la voluntad de Dios a través de otra persona. En esta área especialmente, esa distinción es importante.

Mi experiencia al aconsejar a centenares de jóvenes en el instituto bíblico, así como también al profetizar sobre miles de solteros en iglesias en todo el mundo, he descubierto que los temas sobre romance, amor, y matrimonio son las áreas más peligrosas en las que se puede recibir profecías personales de parte de otros. Esto es un asunto muy delicado con el Señor. Pocas veces, la voluntad del Espíritu Santo es usar la *profecía personal* para iniciar un romance y traer dirección sobre quién debe casarse con quién. Todo cristiano que está considerando el matrimonio necesita una palabra rhema personal del Señor que traiga seguridad y paz acerca de su pareja.

Guías para los Romances y Matrimonios Proféticos. Una regla profética segura para el romance y el matrimonio de alguien es que el Espíritu Santo debe obrar en *ambas personas*. He aconsejado a muchos jóvenes que creían que el Señor les había dicho que se casaran con cierta persona. La otra persona, sin embargo, no compartía este deseo, atracción o inclinación. Cada vez que una persona cree que él o ella tiene una palabra rhema, o que alguien le ha dicho por medio de una profecía que debe casarse con cierta persona, y ésta no tiene confirmación sobre este asunto, usualmente ésta no es una palabra verdadera del Señor. Hay ocasiones, cuando una de las personas conoce la voluntad de Dios algunas semanas o meses antes de que la otra lo sepa. Cuando esto sucede, la persona que tiene este sentir debe esperar hasta que el Señor apareje todo.

Todo pastor soltero que tiene en su congregación jóvenes solteras, se enfrenta a dos problemas en particular. El primero tiene que ver con las hermanas de mayor edad que tratan de hacer el papel de cupido, y los "espirituales enigmáticos" que reciben "revelaciones" acerca de la chica con quien se va a casar. Entretanto, las señoritas jóvenes y solteras comienzan a recibir lo que yo llamo "deseones" — estos son, deseos esperanzados conocidos como visiones divinas.

Estuve como pastor soltero por dos años, y durante ese tiempo, varias jóvenes recibieron "el deseo" de que yo sería su esposo. Todas estaban convencidas que ellas habían recibido la visión o palabra directa del Señor: pero la señorita que se convirtió en mi esposa, nunca oyó que el Señor le había dicho que se casaría conmigo, aun antes de oír mi declaración de amor y de pedir su mano en matrimonio. Ella sí había sentido que Dios le había hablado acerca de que se casaría con un predicador, pero no trató de sacar conclusiones, simplemente porque yo era su pastor y porque era soltero.

Una vez que una pareja se ha puesto de acuerdo en que se aman y están orando seriamente acerca del matrimonio, entonces deben buscar la confirmación de la voluntad de Dios por medio de la consejería pastoral y el ministerio de un profeta probado y maduro. Esta es una área donde la profecía debe ser usada como confirmación y no como revelación. Claro está, Dios no siempre dará confirmación de la manera que los deseamos, pero sí nos dará la paz, seguridad y fe que necesitamos para conocer Su voluntad, y tener la seguridad de que el matrimonio tendrá éxito.

Permítame ilustrar este conocimiento con una experiencia personal. Después de haber decidido que Evelyn era la señorita que amaba y con la que deseaba casarme, y después de haberlo confirmado, la fecha para la boda fue determinada. Pero yo había oído a varias jóvenes que habían tenido "deseones" hablar sobre lo que es un buen compañero, y también había oído a predicadores y autores cristianos decir, que una esposa puede ayudar o destruir al ministro y convertir su vida en un cielo o infierno aqui en la tierra. Entonces, antes de casarme tenía que saber que esto era la voluntad perfecta de Dios; sabía que la amaba, pero quería estar seguro que ella era la persona correcta para mí y para el ministerio que Dios había ordenado para mi vida.

En una oportunidad cuando estuve asistiendo al instituto bíblico había estado comprometido con la hija de un predicador y esa relación resultó no ser la voluntad de Dios. Esta experiencia desarrolló en mi un temor obsesivo ya que deseaba conocer sin una sombra de duda de que Evelyn era la compañera perfecta para mí, y que ella había sido ordenada por Dios.

La fecha de la boda fue planeada para el 13 de agosto de 1955. Teníamos que asistir a una conferencia en Canadá y en ese lugar creían en la profecía y proveían presbiterio profético para aquellos que el Espíritu les indicaba. Antes de salir para la conferencia comencé a ayunar y el ayuno se extendió por nueve días. Este asunto era tan serio que le escribí al Señor una oración en una carta, recordándole que Él había dicho que cualquier cosa que pidiéramos en Su nombre, Él lo haría. Le dije que quería que los profetas me llamaran al frente y me profetizaran, "Sí, hijo mío, la que has escogido es la que he preparado para ti...no temas...es mi perfecta voluntad."

La conferencia que se llevó a cabo a mediados de Julio por espacio de siete días tenía dos servicios al día. Esa semana pasé horas orando y ayunando, pero no me llamaron para que pasara adelante a recibir presbiterio profético. Nadie tampoco compartió conmigo palabra profética en privado. En vista de que la fecha de la boda era en tres semanas y en vista de que estaría regresando al pastorado en Washington, tenía que conocer que era la voluntad de Dios.

¿Seguramente pensé, Dios debe estar tan preocupado como lo estoy yo, — así que cual es la razón por la que no me habla a través de un profeta o del presbiterio profético? Había presionado a Dios para que me diera una visión, sueño, visita angelical o alguna confirmación sobrenatural y no había recibido nada. La profecía personal era ahora mi última oportunidad de recibir una confirmación sobrenatural antes de la fecha de mi boda, pero aquellos que estaban profetizando ni siquiera se fijaron en mí.

En el transcurso de tiempo, me di cuenta que Dios tenía Su forma de responder a mi oración. El invitado especial de la conferencia tenía un ministerio dinámico en la predicación de la Palabra. Él predicaba con una fe tan sencilla y confianza en Dios que al término de la conferencia mi fe, seguridad y paz habían fortalecido mi corazón. Dios no me dio una confirmación sobrenatural acerca de mi matrimonio como yo lo había sugerido y pedido con tanta insistencia pero sí lo hizo por medio de una palabra rhema con la predicación del Logos de Dios.

Mi esposa y yo hemos estado casados por treinta y dos años y hemos tenido el matrimonio más compatible y satisfactorio de cualquier pareja que hayamos conocido o aconsejado. Debemos confiar en Dios que al hacer decisiones tan importantes como el matrimonio, Él nos revelará Su voluntad y traerá confirmación. No debemos tratar de obligar a Dios para que lo haga en una forma específica. Debemos tener fe y confiar en la naturaleza cariñosa y confiable de Dios. Él tiene poder para responder a nuestras oraciones, traer revelación y confirmación a través de mucha maneras, incluyendo la profecía personal.

MATRIMONIOS PROFÉTICOS COMO RESULTADO DE LA PROFECÍA PERSONAL Y LA PALABRA RHEMA

Algunos matrimonios que Dios ha unido no son lo que se consideran típicos como es lo que sucede "el joven conoce a una señorita — se enamoran — se comprometen y se casan". En todo nuestros años de ministerio, solo conozco a una docena de matrimonios que han sido activados y unidos por medios sobrenaturales y sin el proceso regular de romance y matrimonio. Nuestros dos hijos, por ejemplo, tuvieron un romance cristiano normal y más tarde su matrimonio. Pero Dios hizo algo diferente con nuestra hija.

Nuestra hija Sherilyn y su esposo, el Pastor Glenn Miller, se conocieron por primera vez cuando llegamos a su iglesia para llevar a cabo unas reuniones proféticas por cuatro días. La siguiente noche, ellos recibieron palabras rhemas que cada uno debía romper su compromiso de matrimonio y que debían casarse. Cuando la profecía personal confirmó las palabras rhemas que habían recibido, anunciaron su nuevo compromiso y se casaron seis semanas más tarde. Glenn y Sherilyn no tuvieron oportunidad de tener un romance, ni mucho menos tiempo para conocerse antes de la boda. Incluso, no estaban seguros de que se gustaban mucho menos que se amaban. Pero tenían tal convicción que Dios les había hablado que siguieron adelante con la boda.

El primer año fue extremadamente difícil, pero al final de los primeros doce meses, Sherilyn tuvo su primer sueño espiritual. Dios le mostró que el diablo había hecho una acusación en contra de este matrimonio profético. Él le había dicho a Dios que este matrimonio no duraría, pero en el sueño panorámico, ella vio y escuchó al Señor decirle al diablo que Él le daría un año para tratar de destruir el matrimonio. Ellos pasaron por muchas pruebas y dificultades financieras, físicas, sociales y otras situaciones que el diablo trajo para afligir. Ella vio al diablo al final de ese año regresar y pedirle a Dios que le diera más tiempo, pero Dios le dijo que su prueba había terminado.

Inmediatamente, ellos comenzaron a sentir una gran atracción romántica y apreciación el uno hacia el otro. Por un año el matrimonio había provisto compatibilidad física, y sus espíritus habían sido sostenidos por una convicción de la palabra rhema; pero sus almas habían sufrido terriblemente. Ahora las cosas son diferentes. Ellos han estado casados por más de siete años y su amor ha ido aumentando. Ellos tienen un ministerio pastoral y profético muy eficaz.

La forma en que un padre hace los planes para desposar a alguien no es lo usual. La forma moderna de llevar a cabo un romance y matrimonio no es la misma manera en que se hacía en los tiempos bíblicos. Los padres hacían los preparativos para los matrimonios y muchas veces el novio y la novia no se conocían sino hasta la primera noche de boda. Ejemplos típicos de estos matrimonios fueron los de Isaac y Rebeca que fue estrictamente planeado por Abraham (un tipo de Dios) y Eliezer (un tipo del Espíritu Santo).

Dios, nuestro Padre Celestial, aún hace esta clase de preparativos para algunos matrimonios sin tener en cuenta el proceso natural de noviazgo, amor romántico y matrimonio. Cuando Dios interviene en estos matrimonios, con el tiempo ellos se dan cuenta que resulta en una mejor relación que aquellas que fueron establecidas como resultado de una atracción natural y de la motivación del alma. Nuestro Padre celestial, sabe que es lo mejor para Sus hijos, aún al elegir una pareja para el matrimonio.

Romances y Matrimonios con Participación Profética. Otro ejemplo de un matrimonio profético fue el de una pareja que hemos conocido por años. El hermano había salido de una vida de drogas y Dios lo había llamado al ministerio. Los siguientes eventos tomaron lugar cuando este hermano era pastor auxiliar de una Iglesia en Orlando, Florida.

La hermana era una de los miembros de la Iglesia. Su esposo había sido un mayor del ejército, pero había fallecido durante la guerra, así que ella había quedado viuda con cuatro niños de corta edad. El pastor la había tratado varias veces en su recorrido de visitas a los miembros de la Iglesia.

Después de varios días de oración y ayuno acerca de su futuro, incluyendo su matrimonio, un sábado en la mañana este pastor recibió una palabra rhema del Señor diciéndole que debía casarse con esta viuda. Él le preguntó al Señor que cuando debían casarse, y la palabra que le fue dada era que debía ser el siguiente Jueves.

Antes de esto, ninguno de los dos había tenido una atracción romántica hacía el otro y mucho menos pensado en casarse. Cuando el pastor llamó a esta hermana para decirle lo que él creía el Señor le había dicho, ella le dijo que él estaba loco. Ella no tenía ninguna intención de casarse con él, especialmente dentro de pocos días. El pastor le dijo que el Señor también le había dicho que ella debía ir al cuarto a orar. Ella rechazó esta palabra y colgó el teléfono, pero después decidió que no le haría ningún daño el obedecer. Cuando se arrodilló, levanto su mirada y allí estaba colgado un vestido de novia que ella había comprado unos días antes porque era muy hermoso y estaba de oferta. Ella había dicho, "Si algún día me caso otra vez este es el vestido que quiero usar para mi boda."

El Señor le habló claramente y le dijo "Yo fui el que te inspiró a comprar ese vestido para que lo tuvieras listo para el Jueves." Ellos se casaron ese Jueves y desde entonces han tenido un matrimonio y ministerio de mucho éxito. Los dos hijos mayores son graduados de la Universidad de Oral Roberts. Esta pareja ha estado pastoreando con mucho éxito una Iglesia en California. Ellos llevan a cabo conferencias proféticas por todos los Estados Unidos.

Un ejemplo final de un matrimonio profético ilustra que cuando una palabra profética es verdaderamente del

Señor, llegará a su cumplimiento sin tener en cuenta la aparente imposibilidad. La hermana menor de mi esposa, tenía tres años de edad y había salido como la niña de las flores en nuestra boda. Quince años más tarde, en Agosto de 1970, estábamos orando por Sharon en la Iglesia a que asistíamos en San Antonio, Texas. Le profeticé a ella ese día y una parte de la profecía decía que sus planes para la boda se harían realidad dentro de un año. Ella tenía dieciocho años.

Al año siguiente en Julio mi esposa me dijo que Sharon confiaba que la profecía se llevaría a cabo. El año llegaría a su fin en seis semanas. En esa época, Sharon y sus padres iban de regreso para Carolina del Norte a visitar a unos amigos y ella esperaba poder reunirse con su novio que estaba prestando el servicio en la base militar en ese mismo estado. Debido a la profecía estábamos a la expectativa de que durante esta visita ella se comprometería.

Sharon regresó la primera semana de Agosto y con gran sorpresa nos enteramos que ella había terminado su noviazgo. El siguiente Domingo ella estaba tocando el piano en la Iglesia y seis soldados del Fuerte Sam Houston, llegaron a la Iglesia y uno de ellos sintió que el Señor le habló y le dijo que la joven que estaba tocando el piano era la esposa que Dios había ordenado para él.

Ellos salieron varias veces durante las próximas dos semanas, y el 24 de Agosto, fueron a mi oficina para recibir consejería acerca del matrimonio. La siguiente noche hablaron con los padres de ella y allí se acordaron los planes para la boda, exactamente un año después de haber dado la profecía acerca de los planes para su matrimonio. Yo bromeo con mi cuñado diciéndole que Dios lo envió para que se casara con Sharon y para salvar mi reputación como un verdadero profeta.

Debemos enfatizar que estos matrimonios proféticos son la excepción a la regla, y no la norma para los cristianos. Sé de muchos santos que creyeron haber recibido una palabra rhema de parte del señor que debían casarse con cierta persona, pero resultó ser deseos de su imaginación. En otros capítulos de este libro ofrecemos muchas guías para determinar si un pensamiento es una palabra rhema verdadera del señor. El criterio más importante de los matrimonios proféticos, es que *ambas* personas deben haber recibido el trato del Señor y ambos deben estar en mutuo acuerdo sin poner presión el uno sobre el otro.

Mi consejo para los cristianos solteros es el de abstenerse de pedir un noviazgo y matrimonio profético – claro está que si Dios se mueve sobrenaturalmente en esta área entonces no debe temer este evento. Sin embargo, cada persona debe tener una palabra rhema. Ninguna persona podrá entrar en esta clase de relación si no tiene la convicción y revelación que la otra persona también ha recibido esto y si no hay el testimonio del espíritu en cada uno de ellos. Una persona nunca debe sentirse obligada a tener una relación romántica con otra persona si él o ella no tiene la misma clase de sentimientos, o si no ha recibido una palabra rhema, aun después de haber buscado diligente y sinceramente al Señor sobre este asunto.

Debemos recordar que el proceso *natural* de Dios para el matrimonio es una atracción mutua, noviazgo, amistad, amor, testimonio mutuo del Espíritu Santo, consejería pastoral, y consentimiento de los padres, y luego sabiduría y fecha para llevar a cabo la boda. Hay algunas excepciones a este proceso natural y estos son los matrimonios proféticos sobrenaturales, pero Dios es el único que determina la forma como él unirá al hombre y a la mujer que él ha ordenado para que sean esposo y esposa.

9

DESCUBRIENDO LA PALABRA DE DIOS, SU VOLUNTAD Y SUS CAMINOS

Aunque la profecía personal desempeña un papel muy importante ayudando a los cristianos en la toma de decisiones, este no es el único medio que el Espíritu Santo usa para revelar la voluntad y los caminos de Dios. En mis treinta y tres años de ministerio he tenido que hacer miles de decisiones importantes y algunas de menor consideración. Las mayores decisiones, como el matrimonio y el ministerio, eran tan significativas para la dirección que tendría mi vida, que siempre procuré estar bien seguro, sin ningún tipo de duda, que estas decisiones eran la perfecta voluntad de Dios.

En este proceso de hacer decisiones, la profecía personal ha cumplido su parte; pero no ha sido predominante. Probablemente, el noventa por ciento de mis decisiones han sido hechas sin que la profecía personal sea la única razón o factor determinante. Pero me he esforzado en hacer que el cien por cien de mis decisiones se fundamenten en la palabra de Dios, Su voluntad y Sus caminos. Una explicación de estos factores puede clarificar el cuándo, dónde, y hasta qué punto la profecía personal debe funcionar en nuestras vidas.

La manera más exacta para garantizar que todo lo que usted hace está en armonía con el cielo, es siguiendo los "tres pasos" para hacer decisiones. Usted debe determinar lo que *la Palabra* de Dios dice sobre el asunto, conocer Su

Voluntad específica y seguir Sus *Caminos*. Estos son como tres semáforos que deben estar en "verde" antes de que podamos proceder.

El procedimiento normal es cerciorarse que tiene "luz verde" en el primer semáforo de la Palabra. Si la luz está en rojo (negativo), entonces no debe seguir. Si está en verde, debe proseguir al siguiente semáforo de la Voluntad de Dios. Permanezca allí hasta que haya luz verde también. Una luz amarilla (precaución; no hay respuesta definitiva) significa que debe esperar. Finalmente, cuando el tercer semáforo del Camino señale verde, quiere decir que usted puede continuar a la velocidad indicada. Ahora, tiene la aprobación y el tiempo del Señor, para tomar la decisión y actuar inmediatamente.

El tercer semáforo es especialmente importante. La mayoría de cristianos sinceros son diligentes para cumplir la Palabra de Dios, y están dispuestos a buscar Su Voluntad en cualquier asunto, pero no siempre permanecen fieles esperando que los Caminos de Dios sean revelados.

Una exposición más detallada de cada uno de estos indicadores de Dios nos ayudará a comprender cómo ellos nos permiten distinguir la mente de Cristo, andar por la fe, ser dirigidos por el Espíritu, ubicar la profecía personal en el lugar apropiado y cumplir la palabra rhema del Señor.

LA PALABRA

La Biblia es la mayor autoridad y tiene la última palabra en todos los asuntos. Es la revelación de Dios en forma escrita, como Jesús fue la revelación de Dios en forma humana. La Escritura contiene los pensamientos, deseos, y propósitos de Dios revelados y escritos para que todos lean y entiendan.

Este libro del cielo fue inspirado por el Espíritu Santo y fue dado a los hombres a fin de que puedan cumplir la petición de la oración, "Venga tu reino, y hágase tu voluntad, en la tierra así como en los cielos." Esta oración contiene las pautas de lo qué es bueno y malo, correcto e incorrecto para toda la humanidad, y especialmente para los cristianos. Interpretada correctamente, la Biblia es consistente desde el Génesis hasta el Apocalipsis.

Para que una persona reciba la luz verde de la Palabra, él debe tener más que un versículo aislado que le conceda la autorización. Debe ser parte del Logos y no sólo de una rhema que encontró en la Biblia, pero dirigida a otra persona. No podemos usar la palabra rhema dada a Isaías y andar desnudos en público, o la palabra rhema de Oseas de casarse con una ramera, como justificación para hacer lo mismo hoy día. Las profecías personales de los personajes bíblicos o nuestros contemporáneos no deben emplearse para establecer doctrinas o para convertirlas en un modelo que todos deben seguir. Así que, debemos acudir a la Biblia, no con la intención de justificar nuestros deseos, sino más bien para someterlos a la luz de la Palabra de Dios, y corregirlos conforme al Logos.

Antes de que se encienda la luz verde de la Palabra, el espíritu y la letra de la Palabra deben estar de acuerdo. Dios es Espíritu, y el espíritu de la Palabra es la naturaleza, el carácter y los principios de Dios. Usted puede haber encontrado uno o dos versículos que le den luz verde, pero si van en contra de la naturaleza de Dios y sus principios generales, entonces usted está malinterpretando el versículo y utilizándolo fuera de contexto.

Una vez, un ministro se me acercó y dijo que él había recibido una palabra "rhema" del Señor, que decía que él debía dejar a su esposa. Ella estaba desanimada, resentida, y rehusaba viajar con él para apoyar su ministerio y tampoco quería participar en el trabajo pastoral. Ella se había convertido en una carga y por consiguiente él estaba "pecando" contra Dios por no cumplir plenamente su ministerio como predicador. Él estaba convencido de que el Señor le había dado los versículos concretos "...despojémonos de todo peso y del pecado que nos acedía, y "Él que haya dejado...esposa...por causa de mí evangelio" será bendito. (He. 12:1, Mr. 10:29).

No le profeticé, pero le aconseje pastoral y proféticamente. Le expresé que no era la Voluntad, ni el Camino de Dios permitir que él se divorciara de su esposa, aunque pareciera que algunos versículos sustentaban y justificaban su deseo. Él argumentaba que las almas se estaban perdiendo y yendo al infierno, y que miles de personas no estaban recibiendo la palabra, porque se les estaba negando la oportunidad de oír su predicación y experimentar su ministerio de sanidad. Si pudiera deshacerse de ese impedimento que era su esposa, entonces, decía él, estaría en libertad para cumplir su ministerio. Él insistía que tenía una gran carga por la novia de Cristo, la Iglesia, y deseaba ministrarle a ella.

Un año después regresé por aquellos lados y lo encontré de nuevo. Pregunté por su estado civil y me dijo que había orado mucho sobre eso y también había pensado mucho en las tantas horas de consejería que había recibido. Un día mientras él oraba implorando al Señor que lo librara de su esposa para así poderle ministrar a la Iglesia, el Señor le habló clara y enfáticamente por medio de una palabra rhema genuina que acabó con el dilema. Cristo Jesús le dijo, "Si no puedes ministrar amor, vida y restauración a tu esposa, ¿piensas que te permitiría hacerlo con la mía?" Así es que él se dedicó de todo corazón a amar y restaurar a su esposa; actualmente ministran juntos.

Confronte todo pensamiento, toda impresión, y toda sugerencia que llegue a su mente — no importa qué tan espiritual o religiosa parezca ser — con la Biblia entera. Para evitar el engaño y la ilusión falsa, mantenga el amor por la verdad objetiva, y no trate de interpretarla a su propio modo. Permita que la Palabra de Dios, (Logos) aclare y destruya toda ilusión falsa del corazón engañoso. Sólo la espada de dos filos de la Palabra de Dios, puede separar el alma del espíritu y puede revelar si el pensamiento y la impresión provienen de la dimensión del alma o del espíritu.

Los pensamientos y los deseos no deben convertirse en peticiones por las que debemos orar hasta que estos reciban la luz verde de la Palabra. Si su pensamiento o su deseo no es bíblico y es impropio, ilegal o inmoral y no ésta de acuerdo con los principios divinos, entonces está perdiendo su tiempo pidiéndole a Dios que se cumplan. Dios y Su Palabra son uno: "Porque tres son los que dan testimonio en el cielo: el Padre, el verbo, y el Espíritu Santo; y estos tres son uno" (1 Juan 5:7).

El Espíritu Santo nunca le dirá que haga algo que vaya en contra de la naturaleza de Dios o de las Sagradas Escrituras. El cielo no honrará tales peticiones. Cualquier pensamiento que sea contrario a las Escrituras que dé la impresión de ser una respuesta a sus oraciones y su meditación, pudieran ser el resultado de la imaginación del alma, engaño propio, o el diablo. Pedro declaró que es posible usar la Escritura fuera de contexto y tergiversarlas para engañarse y destruirse uno mismo (2 Pedro 3:16). Esto es precisamente lo que han hecho las sectas como los Testigos de Jehová y los Mormones.

Los cristianos verdaderos, que toman las cosas con seriedad, no podrían tener la fe para esperar respuestas a sus oraciones, a menos que ellos tuvieran la certeza de que lo que están pidiendo se alinea con la voluntad de Dios: "Y ésta es la confianza que tenemos en Él, que si pedimos alguna cosa conforme a su voluntad, él nos oye. Y si sabemos que Él nos oye en cualquiera cosa que pidamos, sabemos que tenemos las peticiones que le hayamos hecho" (1 Juan 5:14–15). Si usted sabe que su petición es bíblica y conforme a la voluntad de Dios, entonces tendrá la seguridad y la fe para creer que Dios enviará una respuesta.

Por esa razón, antes de que usted acepte un pensamiento que cree proviene del Señor, o planea iniciar un proyecto, asegúrese que tiene una luz verde absolutamente basada en la Palabra de Dios, la Biblia. Aunque todavía no tiene el camino despejado para seguir a toda velocidad, debe pasar por otros dos semáforos antes de recibir la plena aprobación, autoridad y unción del Cielo.

LA VOLUNTAD DE DIOS

Así como Dios tiene una Voluntad general para toda la humanidad, también tiene una Voluntad específica para la persona. Él tiene directrices generales para el cuerpo de Cristo, e instrucciones específicas para cada miembro de ese cuerpo. Todas las instrucciones para el cuerpo humano provienen de la cabeza, así también todas las directrices para el cuerpo de Cristo, colectiva e individualmente, provienen de Jesucristo quien es la Cabeza de la Iglesia.

Todos las palabras rhema genuinas y las indicaciones del Espíritu deben estar en armonía con los propósitos generales de Dios para la edificación de todo el cuerpo de Cristo. Del mismo modo que la cabeza humana dirige el ojo en forma diferente que el oído, así también la Voluntad específica de Cristo y las instrucciones para el ministerio de cada miembro en el cuerpo, no es la misma. Todas las instrucciones deben ser aplicadas individualmente.

Por esa razón, la Biblia sólo puede dar instrucciones generales a todo el Cuerpo de Cristo, algunas directrices y requisitos para ciertos ministerios, y una descripción general de lo qué se debe hacer. Sin la obra del Espíritu Santo y los cinco dones ministeriales de Cristo — especialmente el profeta, la Biblia no puede, en si misma, proveer instrucciones específicas y revelar la Voluntad de Dios sobre cada uno de los asuntos personales.

La Biblia declara, por ejemplo, "Id por todo el mundo y predicad el evangelio a toda criatura" (Mr. 16:15). El Espíritu Santo está levantando un gran ejército de soldados cristianos para cumplir esta comisión. Ahora, imagínese que un cristiano consagrado quiere cumplir este mandato y desea formar parte del ejército como un verdadero soldado de la cruz. En cual "división" del ejército del Señor participaría: ¿En la división de predicación, en la división de la oración o en la división de apoyo financiero? ¿Debe él entrar al ministerio de tiempo completo? Si es así, ¿predicaría él en su tierra natal o en otro país? ¿Debe convertirse en un hombre de negocios para que así financie la división de la predicación que está en el frente de batalla? Quizá sea la Voluntad de Dios que él sea parte del gran contingente de oración intercesora. Todo "soldado" ha sido llamado a desempeñarse en alguna de estas tres actividades, pero debemos especializarnos en una para ser más efectivos, y necesitamos entender la voluntad de Dios sobre esa "especialización."

La Biblia contiene criterios generales para tomar muchas decisiones en cuanto a negocios, viajes, ministerio, y manejo de finanzas, pero no provee detalles específicos. La Biblia dice que no es bueno que el hombre esté solo, y que el matrimonio es honroso; pero no especifica con cuál mujer nos casaremos. La atracción mutua y los sentimientos románticos entre un hombre y una mujer cristianos no indican que sea la Voluntad de Dios que ellos se casen. Simplemente porque un negocio es legal y bíblico no quiere decir que es la Voluntad de Dios que la persona participe en el. La voluntad específica de Dios nunca va en oposición a Su voluntad general, pero algunas veces provee guías espirituales.

Jesús oró en el Jardín de Getsemaní, "Padre, pero no se haga mi voluntad sino la tuya." David, el rey conforme al corazón de Dios, oró, "Enséñame hacer tu voluntad, oh Dios." El Padre tenía una Voluntad específica para Jesús que otros no podían cumplir. Dios también tenía un papel específico para David, y para todos aquellos patriarcas, reyes y profetas santos.

¿Cómo llegamos a conocer la Voluntad específica de Dios para nuestras vidas? Debemos mirar las maneras como

Dios dio a conocer Su Voluntad a los personajes bíblicos, y luego como obra el Espíritu Santo hoy en los santos para revelarles Su Voluntad específica.

Los métodos de revelación personal de Dios en las Escrituras eran diversos y variados. Él guió a José por medio de sueños. Habló a Moisés con voz audible desde la zarza ardiente. Habló al oído de Elías en un tono apacible. Envió al arcángel Gabriel a María. Apareció personalmente a Pablo en el cuerpo del Jesús glorificado. Habló a David a través de la profecía de Samuel y Natán. Envió palabra a Jehú a través del profeta Eliseo y otros profetas. Motivó a Timoteo con la imposición de manos por medio de la profecía del presbiterio y guió a Jesús por medio del conocimiento revelado de Dios.

Al observar todas las maneras como Dios nos permite conocer su voluntad, se requieren algunas instrucciones y precauciones para aplicarlas a nuestras vidas. Una vez que hayamos pasado el semáforo de la Palabra de Dios, y una vez que hayamos recibido confirmación de que lo que estamos planeando está de acuerdo con el contexto y espíritu de la Palabra, podemos esperar que el Espíritu Santo, por los siguientes métodos bíblicos, nos conceda claridad, seguridad y dirección.

LA MANERA COMO DIOS REVELA SU PERFECTA VOLUNTAD

Deseos Dirigidos Divinamente. El Salmista declaró, "El hacer tu voluntad, Dios mío, me ha agradado" (Sal. 40:8). El mayor deleite de Dios es que Sus hijos deseen hacer Su Voluntad, que voluntariamente se dispongan a crucificar la carne y cumplan los deseos del Espíritu Santo. Él no se deleita en ejercer presión sobre Sus hijos para que hagan Su Voluntad.

La palabra de Dios garantiza que si nos deleitamos en El Señor, entonces Él concederá los deseos de nuestro corazón (Sal. 37:4). Esta Escritura creo, tiene una doble aplicación. Primero, significa que Dios hará que nosotros deseemos lo qué Él quiere que recibamos. En segundo lugar, a medida que confiamos en Él, Él hará que ese deseo proféticamente inspirado llegue a su cumplimiento. En consecuencia, el deseo puede ser una indicación sobrenatural de la Voluntad de Dios. Pero solo el deseo, sin otras confirmaciones, es evidencia insuficiente para concluir que lo que deseamos es la perfecta Voluntad de Dios.

LA RHEMA Y LA ILUMINACIÓN DE LAS ESCRITURAS

Una rhema es una palabra inspirada y engendrada en nuestro espíritu, un susurro del Espíritu Santo como la voz suave y apacible que le habló a Elías en la cueva. Es un sentir divinamente inspirado en el alma, un pensamiento repentino o una idea creativa de parte de Dios. Es concebido en su espíritu, pero hecho realidad en su comprensión natural por medio de la iluminación divina. Una rhema verdadera lleva consigo una intensa seguridad interior y el testimonio del Espíritu.

Dios algunas veces revela Su Voluntad por medio de una palabra rhema que aparece "de repente", pero otras veces la recibimos por la iluminación de un versículo en particular. A medida que leemos, Dios nos da una palabra rhema que nos toca y nos dice, "Esto se aplica a tu vida."

Jesús recibió la dirección para Su ministerio de esa manera (Lc. 4:16–21). Este tipo de directriz divina también puede ser denominado "conocimiento de revelación" o "iluminación Bíblica."

EL PROFETA Y LA PROFECÍA PERSONAL

Actualmente, Dios usa al profeta para hablar palabras específicas y dar instrucciones a los santos sobre sus vidas personales. Estas instrucciones proféticas, no son generalmente expresadas por alguien que fluye en el don de profecía, sino a través del profeta. Aunque los santos y otros ministros pueden recibir una palabra de ciencia o sabiduría sobre algo; "el así dice el Señor" con palabras directas y específicas, deben ser declaradas normalmente por quien desempeña el ministerio del profeta.

Esto es cierto porque la palabra dada por un profeta maduro con experiencia y con una trayectoria de ser exacto, puede tomarse en serio, evaluarse y aplicarse inmediatamente. Siempre deberíamos considerar cuidadosamente cualquier palabra profética que se da, no importa la fuente. Cuando una persona sin un ministerio probado me da una palabra, y no la entiendo bien o no tengo un testimonio claro, generalmente espero más confirmación por medio de varios vasos humanos antes de actuar. Las únicas palabras que rechazo completamente son aquellas que no son bíblicas o que claramente no son de Dios.

Las áreas más importantes del ministerio en mi vida fueron sembradas primero en mi espíritu o reveladas por la profecía personal. Creo que este ministerio en la Iglesia aumentará y adquirirá mayor trascendencia a medida que la gran compañía de profetas de Dios se manifiesta.

LOS DONES DEL ESPÍRITU SANTO

El Espíritu Santo puede dar a conocer la Voluntad específica de Dios a través de Sus nueve dones, especialmente los "dones de revelación", la palabra de ciencia, y la palabra de sabiduría. Los ministros y hombres de negocios necesitan saber con urgencia como permitir que los dones les ayuden a tomar decisiones sabias para sus iglesias y negocios. Los padres necesitan estos dones para hacer decisiones que afectan la familia, especialmente cuando el conocimiento natural es insuficiente y la Biblia no es específica.

Una elección entre el bien y el mal no es difícil para un cristiano consagrado; pero cuando la decisión es entre dos cosas buenas, se necesita la ayuda sobrenatural. Los dones del Espíritu están a disposición de cada cristiano con el fin de ayudarnos a descubrir la Voluntad de Dios y enseñarnos a tomar decisiones sabias.

LOS FRUTOS DEL ESPÍRITU SANTO

Ser dirigido por el Espíritu Santo, no quiere decir que somos guiados sólo por las manifestaciones sobrenaturales de los dones. Los frutos sobrenaturales del Espíritu son tan vitales para determinar la mente de Cristo como los dones. Los frutos y los dones son similares a las dos caras de una moneda. Ambos lados deben estar en buen estado para que sea "gastable."

Los evangélicos tienen la tendencia a enfatizar los frutos del Espíritu, y los carismáticos los dones, pero el Espíritu Santo no está en competencia consigo mismo. Los frutos y los dones son manifestaciones de la obra del Espíritu en nuestras vidas.

Isaías declaró proféticamente: "Porque con alegría saldréis, y con paz seréis vueltos" (Is. 55:12). Tomar decisiones, según la paz espiritual que el fruto produce, es ser guiado por el Espíritu. Actuar a causa del gozo, del Señor es ser motivado por el Espíritu Santo. Caminar por la fe, que es un fruto y don del Espíritu, es fluir con la mente de Cristo y actuar con Dios, "Porque por fe andamos, no por vista" (2 Co. 5:7).

En especial, la paz de Dios es importante. Pablo afirmó que la mente espiritual puede ser identificada por su nivel de vida y paz: "pero el ocuparse del Espíritu es *vida y paz*" (Ro. 8:6). Él también nos enseña que permitamos que la paz de Cristo reine, es decir, que gobierne y guíe nuestros corazones (Col. 3:15), porque la paz de Dios debe superar cualquier confusión, duda, e indecisión: "Y la paz de Dios, que sobrepasa todo entendimiento, guardará vuestros corazones y vuestros pensamientos en Cristo Jesús" (Fil. 4:7). Si quieres conocer la Voluntad específica de Dios, "Apártate del mal, haz el bien y busca la *paz* y síguela" (Sal. 34:14).

Determinar la Voluntad de Dios sobre un asunto, requiere que miremos al interior del alma y del espíritu para ver cuánta paz y gozo hay con relación a la situación.

¿Cuántos de los nueve frutos del Espíritu se evidencian en el asunto? ¿Tiene fe o duda, amor o temor, anhelo o pavor, regocijo o ansiedad, paz o presión, mansedumbre, o autodeterminación, templanza o impaciencia? Si usted tiene la mente de Cristo al respecto y es guiado por el Espíritu, encontrará los frutos necesarios en su interior. Si no los tiene, entonces el semáforo de la Voluntad de Dios no ha pasado a verde todavía. Permanezca en espera, no se comprometa o tome decisiones definitivas hasta que tenga la luz verde, indicando que puede proceder.

EL TESTIMONIO, APROBACIÓN O RESTRICCIÓN DEl ESPÍRITU SANTO

El Apóstol Pablo no siempre conocía exactamente lo qué el Señor deseaba que él hiciera. De modo que sí él no tenía forma de saber sobrenaturalmente donde debía ir a ministrar, entonces él sencillamente se dirigía hacia donde le parecía mejor. Si el Espíritu Santo no quería que fuera a ese lugar, Él restringía o alertaba al espíritu de Pablo.

Los incidentes de Hechos 15 y 16 muestran al apóstol actuando de esta manera cuando intentaba ir a predicar en Asia, pero el Señor cambió sus planes para que fuera a Macedonia. Estos acontecimientos comprueban que Dios tiene una voluntad general al igual que una Voluntad específica. Su voluntad general era que el evangelio se predicara a toda criatura, pero Él tenía planes específicos sobre cuando, donde y cómo debía ser predicado.

Saber y seguir la Voluntad de Dios para nuestras vidas, requiere que seamos sensibles a las alertas y restricciones del Espíritu Santo en nuestro interior. "El Espíritu mismo da testimonio a nuestro espíritu" (Ro. 8:16), para ayudarnos a reconocer Su mente. El profeta Agabo, por ejemplo, le dio una profecía a Pablo diciendo que él iba a sufrir persecución y prisión en Jerusalén. Los hermanos trataron de disuadirle para que no fuera, pero él siguió, porque la revelación no era nada nuevo para él. El Espíritu le había dado testimonio sobre esta verdad en casi todas las ciudades durante su viaje (Hch. 20:22, 21:1–14). La profecía de Agabo, era sencillamente una confirmación más de lo que le había sido declarado en numerosas profecías personales anteriormente.

Si usted quiere ver brillar la luz verde de la Voluntad de Dios, entonces debe tener la aprobación en su espíritu. Nunca ignore los impulsos o las restricciones del Espíritu Santo, porque esto nublará sus sentidos espirituales. También hará que la luz verde de Dios cambie a una luz amarilla intermitente en su interior, convirtiéndonos en personas obstinadas e inflexibles, o terminaremos en un perpetuo estado de confusión e indecisión.

UN CONSEJO SABIO

Uno de los nombres bíblicos de Jesús es "Consejero" (Is. 9:6). Esto revela Su naturaleza y carácter como alguien que expresa Su voluntad y dirección a través de la consejería. Su nombre es también "Padre eterno" y "el Buen Pastor", porque el consejo pastoral y paternal (consejo piadoso de aquellos más sabios y maduros que nosotros) es una manera importante de conocer la Voluntad de Dios.

Muchos versículos confirman lo valioso que es solicitar consejo antes de tomar decisiones importantes: "Más el que obedece al consejo es sabio." "Donde no hay dirección sabia, caerá el pueblo; más en la multitud de consejeros hay seguridad." "Los pensamientos son frustrados donde no hay consejo; más en la multitud de consejeros se afirman." "Escucha el consejo, y recibe la corrección, para que seas sabio en tu vejez." "Los pensamientos con el consejo se ordenan; y con dirección sabia se hace la guerra." "Porque con ingenio harás la guerra, y en la multitud de consejeros está la victoria." (Pr. 11:14, 12:15, 15:22, 19:20, 20:18, 24:6). Si es sabio recibir consejo en los asuntos de guerra, entonces ¿cuánto más en los asuntos pertinentes a la Voluntad de Dios, que son temas de vida o muerte eterna?

Recibir consejo es fundamental, pero debemos aceptar los consejos con un corazón dispuesto y no concluir de antemano que ya conocemos la Voluntad de Dios. Cuando acudimos a un profeta, pastor, padre o anciano, no deberíamos hablar o actuar como si ya hubiéramos tomado la decisión: "Dios me dijo que hiciera esto, pero me preguntaba ¿qué piensa usted sobre eso?" Si Dios realmente le dijo que hiciera eso, entonces ¿quién va a discutir con Dios? Esa actitud no permite que otra persona pueda dar un consejo adecuado. Dios no le obligará a recibir Su consejo de la misma manera que El no le obliga a recibir su salvación.

LA CONFIRMACIÓN

Uno de los mejores y más conocidos principios para saber la Voluntad de Dios son el requisito bíblico que estipula que todo debe ser confirmado por dos o tres testigos antes de aceptarse como un hecho. El principio de recibir confirmación fue establecido por la ley de Moisés (Dt. 17:6, 19:15) y restablecido en la Iglesia bajo la gracia por el Apóstol Pablo (2 Co. 13:1).

La regla puede ser aplicada a una palabra de consejo, una palabra profética o una palabra rhema. Así como la voluntad general de Dios no puede ser establecida por un solo versículo, tampoco la Voluntad específica de Dios puede ser establecida por una profecía, una palabra rhema, un consejo o algo por el estilo. El Señor no se ofende si usted se abstiene de emitir juicio sobre una palabra hasta recibir dos o tres confirmaciones más. De hecho, Él nos reitera que para todos los asuntos importantes deben haber dos o preferiblemente tres testigos, antes de aceptar una palabra profética.

LA UNIDAD

Cuando la decisión involucra a más de una persona, es esencial que haya unidad y acuerdo entre ellos para que la

Voluntad de Dios sea revelada. Cuando todos estén en la Voluntad específica de Dios, entonces habrá unidad. Por ejemplo, si el esposo y la esposa tienen completa paz y están de acuerdo sobre un asunto, esto es un indicio de la Voluntad de Dios. Debemos estar unidos a Dios, con nosotros mismos y con las otras personas que hacen parte de la decisión. El Salmo 133 nos dice que donde hay unidad, hay vida.

Hemos aprendido varias formas de como conocer la Voluntad de Dios. Pretendamos que tenemos un deseo específico y creemos que es una palabra de instrucción de parte del Señor, y es evaluada conforme a la Palabra de Dios, tanto en el Espíritu como en el contexto y recibimos la luz verde. Luego, suponga que hemos recibido varias profecías personales y consejos sabios, que han sido confirmados por dos o tres testigos. Tenemos el fruto del Espíritu Santo con referencia al asunto y no hay una alerta o restricción del Espíritu, sino más bien un sentimiento de paz y libertad. Todas las partes involucradas están en unidad; todas las cosas están en orden.

Ahora podemos proseguir con la certeza de que es Su voluntad general basados en la Palabra, Su Voluntad específica, y la confirmación de la palabra rhema. Pero los dos semáforos en verde de la Palabra y la Voluntad no son suficientes para empezar a actuar. El tercer semáforo, el camino del Señor debe pasar a verde, antes de que la obra de Dios se cumpla.

EL CAMINO DEL SEÑOR

La Palabra da la aprobación del cielo, y la Voluntad especifica de Dios dicen que acción es para usted. Pero todavía debe conocer el Camino para poder cumplir el deseo de Dios. El Camino de Dios generalmente incluye Su tiempo, Sus métodos y los medios necesarios para lograrlo; el quién, qué, cuándo, dónde y cómo (pero no siempre el por qué); La instrucción continua y el control de las circunstancias por parte de Dios, y la paciencia para persistir hasta que Su plan sea realizado.

Para alcanzar el Camino, sobre todo, necesitamos la *paciencia*: "A fin de que no os hagáis perezosos, sino imitadores de aquellos que por la fe y la paciencia heredan las promesas" (Heb. 6:12). La persona que tiene paciencia eventualmente poseerá la promesa.

Lamentablemente, la mayoría de cristianos no se dan cuenta del tercer semáforo en su caminar con Dios. Muchas iniciativas fracasan porque no fueron emprendidas de acuerdo a los Caminos de Dios. "Hay un camino que al hombre le parece correcto; pero su fin es camino de muerte" (Pr. 14:12). "Como son más altos los cielos que la tierra, así son mis caminos más altos que vuestros caminos" (Is. 55:9).

Con frecuencia, la Palabra de Dios y la Voluntad son mucho más fáciles de precisar que Sus Caminos. Podemos determinar la Palabra al estudiar la Biblia, la Voluntad a través de principios personales e internos y las confirmaciones de otros. Pero el Camino requiere de un proceso que debe vivirse día tras día, porque casi nunca todos los detalles son revelados con anticipación.

Indudablemente, las profecías personales pueden desempeñar un papel revelando el Camino de Dios, colocando señales en los cruces decisivos para guiarnos en la dirección correcta y dejarnos saber el tiempo que falta hasta el próximo punto. Aparentemente, Dios se abstiene de darnos muchos detalles, así que el Camino es similar a un rompecabezas — una pieza a la vez. Las piezas individuales del proceso regularmente no tienen sentido en si mismas, y sólo se vuelven significativas cuando el cuadro total ha sido finalmente formado.

LOS CAMINOS DE DIOS PARA ABRAHAM Y MOISÉS

Podemos ilustrar este proceso en las vidas de Abraham y Moisés. Primero que todo, la palabra de Dios para

Abraham fue que saliera de Ur de los Caldeos, ser el padre de una gran raza que sería el pueblo del Señor, y poseer a Canaan como su tierra y sede principal. Esta Palabra fue expresada como la voluntad específica de Dios por medio de revelación divina y luego confirmada por otras profecías.

El Camino que le fue dado a Abraham para cumplir el deseo de Dios consistía en "mirar y andar a lo largo y a lo ancho de la tierra" (Gn. 13:17). Su responsabilidad individual era seguir andando y mirando todos los días de su vida, y confiar que cada lugar donde él pusiera su pie, dentro de los límites designados, le sería entregado a él y a sus descendientes como herencia. (Notemos, sin embargo, que el Camino que Dios le dio a Josué para poseer la tierra, cuatrocientos años más tarde, fue muy diferente).

El lugar escogido por Dios para que fuera conquistado era Canaán, pero el lugar que Él designó para que la nación creciera fue Egipto. El tiempo indicado para el cumplimiento de Su deseo no tuvo lugar sino hasta después de cuatro siglos, cuándo la tierra fue conquistada por completo y poseída totalmente por Israel. Por esa razón, la paciencia era importante para Abraham y su descendencia; ellos tuvieron que esperar hasta que los pecados del Amorreo llegaran a su tope, y hasta que sus descendientes se multiplicaran como las estrellas del cielo y la arena del mar. La Palabra de Dios y su Voluntad fueron expresadas con celeridad, pero tomó cientos de años para ver el desenlace completo de Su Camino. Proféticamente, Dios les habla a las naciones con relación a siglos, a las familias con relación a generaciones y a las personas en términos de toda una vida.

Moisés es el segundo ejemplo de este proceso. La Palabra del Señor le designaba a él para librar al pueblo escogido, tres millones de personas, de la esclavitud de Egipto y llevarlas a la tierra prometida a Abraham. La voluntad específica de Dios fue expresada a través de una voz audible y confirmada por señales y prodigios.

El Camino del Señor estableció que los Israelitas viajaran a través del desierto por dos años en vez de tomar la ruta que duraba once días, y que era la más transitada hacía Canaán. Su provisión fue demostrada en las plagas de Egipto, la separación del Mar Rojo, los milagros y el Maná en el desierto. Él los guió con una columna de fuego en la noche y una nube durante el día.

El pueblo, tuvo que soportar pacientemente hasta que Faraón dio la orden de dejarlos en libertad, y después en el desierto también. Aunque la generación de esclavos liberados, eran las personas que Dios quería que tomaran posesión de Canaán, eventualmente perdieron la paciencia, pecaron y se rebelaron. De modo que, Josué y la nueva generación tuvieron que cumplir la profecía en lugar de la generación pasada.

Esto implicó una extensión de tiempo de cuarenta años caminando por el desierto. El pueblo tuvo que seguir la nube y el fuego de Dios, preparándose para poseer la tierra de Canaan. Él esperó suficiente tiempo para ordenar todo lo necesario y cumplir Sus propósitos: un tabernáculo para que fuera Su habitación; un código de leyes para protegerles y mantenerlos en una buena relación con Él y con sus semejantes; y un sistema de gobierno para transformarles de una multitud desordenada a un pueblo con doce tribus organizadas, en Su orden, alrededor del lugar de Su presencia. En este tiempo de entrenamiento también encontraron enemigos que sirvieron para perfeccionar sus capacidades en la guerra, y para marchar por la fe, cuando fuera el momento de entrar en la tierra, desalojar a los gigantes y tomar posesión.

NO ES UNA FÓRMULA, ES FLUIR POR LA FE

Josué tuvo que descubrir la fórmula particular que Dios emplearía para conquistar cada una de las naciones que Israel enfrentaría. Jericó, por ejemplo, tuvo que ser conquistada de una forma inusual; y cuando fácilmente pensaron que sabían cómo conquistar la ciudad de Ai, perdieron la batalla. David, también ganó cada batalla en forma diferente, porque él esperó la luz verde del Camino de Dios, antes de entrar en conflicto. ¡En cierta ocasión, el sonido de marcha, en las copas de las balsameras, dio la luz verde!

Nosotros, también, necesitamos sabiduría especial para hacer la Voluntad específica de Dios. El ministerio debe empezar al llegar el tiempo de Dios; Si no es el tiempo indicado, el resultado puede ser catastrófico. Nuestra actitud también debe ser la correcta. Por ejemplo, es la Palabra y la Voluntad de Dios que nosotros perdonemos a los que nos ofenden. Pero la manera como algunos lo hacemos invalida su acción: "Quiero que me perdones por mi equivocación, y perdono tus actos estúpidos y tu actitud inmadura, y pido a Dios que nunca seas así de tonto la próxima vez."

Nuestras acciones deben estar de acuerdo al plan no convencional de Dios. Muchas veces, Su Camino es contrario al razonamiento humano; no es la forma como el hombre natural lo haría, porque el Camino se recorre por la fe, no por lo que vemos. No podemos depender del conocimiento natural. Debemos tener revelación divina.

Algunas personas han sido llamadas a predicar y a profetizar, pero tratan de hacerlo imitando a otros en lugar de buscar el Camino específico de Dios para ellos. Algunos cristianos reciben profecías individuales sobre gran prosperidad económica, pero nunca alcanzan a cumplirlas porque nunca averiguaron el Camino de Dios para hacerlas efectivas. Aun así, otros encuentran el Camino de Dios, pero después que comienzan la aplicación de Sus palabras, gradualmente regresan a su manera de hacer las cosas, perdiendo así la unción de Dios en sus vidas para hacer Su Voluntad.

Una vez que la Palabra ha dado la aprobación, y la Voluntad ha sido revelada, el Camino debe esperarse con paciencia hasta que sea dado a conocer. Debemos pronunciar la oración del "hombre conforme al corazón de Dios," David: "Enséñame, oh Jehová, tu *camino*," (Salmos 27:11). Dios dijo que Él demostró Sus *hechos a* Israel, pero que Él había dado a conocer Sus Caminos a Moisés; por lo tanto, debemos ser como Moisés.

Dios no sólo tiene un tiempo para cada cosa bajo el cielo, también una forma específica de lograrlo. Así que, la clave para las iniciativas cristianas de éxito es hallar el Camino, para llevar a cabo Su *Voluntad,* con la autoridad de Su *Palabra.* Con todos los tres semáforos en verde, podemos proseguir a la velocidad máxima en obediencia a Dios.

10

Proyectos Comerciales y Propiedad Financiera

Las palabras rhema, la profecía personal, y los dones del Espíritu Santo deben incluirse en cualquier iniciativa de negocios y prosperidad financiera de los cristianos. Se han conocido muchos testimonios sobre información sobrenatural y decisiones dirigidas por Dios que resultaron en negocios exitosos tanto para ministros como para hombres de negocios cristianos.

La revista *La voz,* es la publicación mensual oficial del Full Gospel Business Men Fellowship (Comunidad Internacional de Hombres de Negocio del Evangelio Completo). Por años, ellos han publicado testimonios de personas en diferentes situaciones que no solo han experimentado una salvación sobrenatural, el bautismo del Espíritu Santo, sanidades, y gran libertad, sino también una palabra del Señor — una palabra sobre un proyecto de inversión y su éxito financiero, pero debido a la ausencia de profetas maduros y en ejercicio en la Iglesia durante las últimas tres décadas, existen muy pocos testimonios de profetas que hayan profetizado en esta área. Actualmente las cosas están cambiando, y esta clase de profecía continuará aumentando más y más a medida que la gran compañía de profetas de Dios se levante y alcance su madurez. El hombre de negocios necesita el ministerio del profeta para bendecir su empresa, así como el pastor necesita del profeta para establecer, bendecir, y prosperar su iglesia.

Hasta ahora, los pastores, los hombres y mujeres de negocio, han sobrevivido e inclusive prosperado sin el profeta; sin embargo, como el Espíritu Santo ha dado a conocer que es la hora en que el ejército del Señor debe levantarse y poseer las riquezas del mundo, las huestes del enemigo han intensificado su ataque contra los cristianos que han dedicado sus negocios a Dios para establecer su Reino. En este tiempo necesitaremos mayor asesoría sobrenatural para que los negocios de los cristianos prosperen. Nuevas legiones de ejércitos infernales han sido enviadas a detener la prosperidad material y financiera de la Iglesia verdadera. Pero el ejército del Señor con su Comandante y Jefe, Jesucristo, someterá a todos los reinos de este mundo bajo el dominio del Reino de Dios.

LAS TRES DIVISIONES DEL EJÉRCITO

El ejército del Señor tiene tres divisiones: la división de la predicación profética, la división de apoyo financiero, y la división de la oración. Las personas de negocios cristianos, hacen parte de la división de apoyo económico en el Reino de Dios. Su división debe entrar al mundo de las finanzas del diablo y destruir las puertas del infierno para conseguir los recursos necesarios para construir los edificios, para el transporte, y los medios de comunicación para predicar el evangelio de Dios en todas las naciones. Aquellos que actúan en el campo de la provisión financiera urgentemente necesitan de las otras divisiones: los profetas y guerreros de oración intercesora para conquistar las zonas del enemigo que el Espíritu Santo nos ha encomendado. A medida que las tres divisiones del ejército en la Iglesia trabajan juntas, la creación verá que las puertas del infierno no podrán prevalecer contra la Iglesia del Dios viviente.

Esta verdad, es una de las razones por las cuales la iglesia tiene tanta necesidad de un libro que enseñe sobre la profecía personal. Los cristianos necesitan apropiar y recibir los beneficios de la palabra profética en sus iniciativas de negocios, y cada uno debe tener un conocimiento sólido del ministerio profético de Dios. Ellos necesitan saber el significado de lo que Dios dice cuando Él usa ciertos términos y frases con terminología profética. También necesitan conocer los medios como Dios cumple su palabra mediante el proceso profético. Necesitan entender el tiempo profético de Dios, el que muy pocas veces concuerda con el tiempo en que nosotros pensamos la palabra profética debe cumplirse. Por lo tanto es necesario hacer un resumen de algunas de las verdades mencionadas en otros capítulos:

PRINCIPIOS PROFÉTICOS: UN RESUMEN

Varios principios proféticos operan en todas las grandes iniciativas de negocios que son para Dios y dirigidas por el Espíritu Santo. Si apenas comenzó a leer esta parte del libro, o no ha estudiado los ejemplos bíblicos que ilustran los principios y características de la profecía personal, entonces debe estudiar estos aspectos.

1. *Antes de que las grandes profecías personales se cumplan, casi siempre las situaciones empeoran antes de mejorar.*

2. *Las demoras no significan que lo profetizado ha sido negado, al contrario, son oportunidades de consagración de la persona a Dios y perseverar en Sus propósitos.*

3. *La promoción y la prosperidad de Su pueblo vienen del Señor.*

4. *El propósito de los procesos divinos para el cumplimiento de lo planeado por Dios es de mayor importancia que el producto final, porquela madurez de la persona significa más para Dios que su prosperidad financiera.*

5. *Los principios bíblicos adecuados deben ser practicados con paciencia y consistencia para producir lo que ha sido prometido proféticamente.*

6. *El "síndrome de Saúl" de terquedad, autoengaño, justificación propia y proyección de culpabilidad, debe ser quebrantada y sometida a Cristo, o este síndrome no permitirá que la promesa profética personal de gran prosperidad se cumpla.*

7. *La mal interpretación y la errónea aplicación de la profecía personal pervierte los propósitos de Dios e impide que la promesa profética de Dios se cumpla.*

8. *La "motivación de Balaam" de avaricia, poder, y popularidad, impedirá a una persona o proyecto recibir las bendiciones contenidas en la promesa profética de Dios.*

EN BUSCA DEL PROFETA

El profeta puede declarar una palabra reveladora y específica sobre los problemas que están afectando a un negocio, como también puede profetizar sobre cambios en dirección y nuevos objetivos y actividades. Muchos hombres de negocio buscan a un profeta para que les dé confirmación antes de tomar una decisión importante en sus empresas. Esta es una práctica bíblica. La mayoría de los reyes de Judá buscaban una palabra del profeta para determinar si podían o no hacer algunas cosas, tales como: Ir a la guerra, o construir un edificio. Ellos también buscaban conocer si determinado proyecto sería fructífero si lo emprendían.

En cierta ocasión estuve ministrando en una Iglesia grande en Canadá cuando el Señor me reveló que había muchos hombres en esa reunión que eran dueños de negocios, pero que sus empresas no estaban prosperando. El Señor me dijo que cada negocio tenía un problema en particular que era la clave del estancamiento. Si yo daba la invitación a pasar al frente, Él dijo que revelaría cada problema.

Quince hermanos que eran dueños de sus negocios pasaron adelante. Todos ellos se arrodillaron enfrente de una hilera de sillas y procedí a darles aproximadamente dos minutos del fluir profético a cada uno y Dios les dio algo diferente a todos: A uno le habló acerca de un problema con el departamento de contabilidad, a otro de su necesidad de ajustar la cantidad de personal, reasignando y reevaluando funciones, a otro le habló sobre la necesidad de diversificación.

La palabra profética le declaró a un hermano que Dios había estado tratando con él por años sobre la falta de equilibrio en su vida con referencia a la familia y el negocio, y que Dios no prosperaría su negocio hasta que él arreglara todo. Al día siguiente, su esposa se acercó y me dijo que su esposo había comenzado a cambiar en respuesta a la palabra del Señor y añadió: "¡Le había estado diciendo esto a mi esposo por veinte años, pero usted hizo más en una noche que lo que yo traté de hacer en todos estos años!" La verdad nos hace libres, y la unción profética destruye el yugo de esclavitud (Jn. 8:32; Is. 10:27).

EJEMPLOS ACTUALES

Un buen modelo sobre como puede un profeta ayudar a un hombre de negocios es descrito por el hermano Norvel Hayes en el libro *The Gift of Prophecy (El Don de Profecía)*. El hermano Hayes asistió a una reunión en la ciudad de Cleveland, Tennessee donde el hermano Kenneth Hagin estaba predicando. El profeta Hagin lo llamó por nombre y le dio una profecía referente a sus finanzas. Podemos aprender muchas verdades de este testimonio que se relacionaba con el tema en mención. Observe en las siguientes porciones como la profecía personal advertía sobre peligros, instruía, consolaba y daba esperanzas de que todo finalmente mejoraría. Además otras profecías fueron dadas por intermedio de otras personas, quienes especificaban las acciones que debían tomar. Hablaban de los propósitos de Dios durante el proceso, y el resultado final para los que responden positivamente a la profecía personal y esperan para que en Su tiempo, Dios cumpla las promesas de prosperidad. A continuación la profecía personal de Kenneth Hagin y la reacción de Norvel Hayes:

> *El enemigo va a atacar tus finanzas y una nube negra descenderá sobre ellas, pero si continúas trabajando conmigo, y eres fiel, y si oras, y oras, y ras, y oras, y oras, vencerás este ataque. Te libraré de este ataque del enemigo y serás más próspero, como nunca antes lo has sido.*
>
> *Pensé, ¿atacar mis finanzas? No tengo problemas financieros...Soy dueño de una fábrica (junto con mis seis restaurantes), y una distribuidora de ventas. Estaba ganando entre cuatro y seis mil dólares por semana, en su mayoría del negocio de distribución.*
>
> *Seis meses después, el cielo me cayó encima, una nube oscura se posó sobre mí, de la nada, tres de los administradores de mis restaurantes se corrompieron y los negocios dejaron de producir ganancias.* [*]

Después de esto, el hermano Hayes descubrió que una de sus secretarias con muchos años de servicio había estado robando miles de dólares de la fábrica. En menos de un año él pasó de gran prosperidad a una lucha para poder subsistir. El hermano recordó la palabra del Profeta Hagin, y continuó orando, orando, y orando. Él resistió la tentación de orar compadeciéndose de sí mismo y sin incredulidad, o preguntarle a Dios, "¿Por qué?" O quejarse de su situación o convertir en obsesión la salvación de su negocio a costa de la Iglesia y el ministerio. El rededicó su vida a Dios y resistió al diablo afirmando su decisión de

---

[*] El siguiente relato ha sido tomado del libro *El Don de Profecía* de Norvel Hayes (*The Gift of Prophecy*, Tulsa, Oklahoma: Harrison House, 1980, página 20)

hacer la obra de Dios y Su voluntad, sin importar la circunstancia. Él continuó confesando la palabra de Dios y declarando sobre sus chequeras la abundancia de sus finanzas.

¿Cómo lo libró el Señor? Por medio de instrucciones proféticas. Mientras visitaba a unos buenos amigos ministros suyos, los Goodwin; la hermana Goodwin, le dio un mensaje en lenguas y el hermano Goodwin dió la interpretación.

El mensaje profético decía: "Si vas a Tulsa, Oklahoma, en obediencia, te mostraré dos cosas cuando llegues allá." Norvel comenta que él solo conocía a tres personas en Tulsa en aquel entonces; el hermano Roberts, el hermano Ford, y el hermano Hagin. El fue a la casa del hermano Kenneth Hagin y estando allí oró por la esposa del profeta Hagin.

De camino al aeropuerto, el profeta le habló y le dijo, "Norvel, el Señor me mostró que el te envió aquí por dos razones. Primero, para orar por mi esposa, e impartir bendición a ella. Además me dijo que te diera una profecía."

A continuación, palabra que el profeta Hagin dio: "Has pasado *Mi* prueba de fe, hijo, y por cuanto me has obedecido, mi luz resplandecerá sobre ti desde el cielo. Mi luz desvanecerá las nubes oscuras, y resplandecerá sobre ti. Brillará sobre tus finanzas, y vendrán y vendrán y vendrá en abundancia."

Dios comenzó a traer algunos contactos, favor y le dio gracia para vender algunas propiedades, hasta que su cuenta bancaria aumentó de $85 a más de $100,000 en un día. ¿A que conclusión llega Norvel Hayes después de experimentar la rhema personal, la operación de los dones del Espíritu Santo, y los profetas que dan palabra profética? Permitamos que él lo diga en sus propias palabras:

Permítame decirle esto. La profecía que fluye de usted, sobrenaturalmente, le dirá a donde ir, y que hacer cuando usted no sabe a donde ir o que hacer.

Yo no sabía que debía llamar a los hermanos Goodwin hasta que el Señor me habló quince minutos antes de salir en el avión para Chattanooga, Tennessee. No sabía que Dios quería que fuese a Tulsa hasta que me habló por medio de los Goodwin. Si no hubiera obedecido la palabra y no hubiera ido a Tulsa no hubiera sido una bendición especial al hogar de los hermanos Hagin, ni hubiera recibido la palabra del profeta que concluyó la prueba y la batalla de tres años en el área de las finanzas. Cuando la profecía viene de Dios, por medio de alguien que conoce a Dios, y que uno respeta, esto puede traer gran bendición, no solo a su vida, pero también a muchas otras personas.

Mencionaré algunos de los principios proféticos claves e importantes para obedecer en fe. Cuando Dios le dice algo a alguien, casi nunca les dice por qué, cómo, quién, y cuándo. Estos detalles se darán a conocer más tarde, cumplida la obediencia al primer mandato. Él le dijo al hermano Hayes, "Ve a Tulsa y te mostraré dos cosas cuando llegues allá." Era como la palabra a Abraham, "Sal de tu tierra y ve al lugar que te mostraré." Así como Abraham, el hermano Hayes "por fe...salió no sabiendo a donde se dirigía."

El predicador u hombre de negocios que insisten en conocer más detalles antes de actuar en fe, nunca verá cumplidas sus promesas proféticas de tener gran éxito. Si podemos entender una palabra con la lógica humana y podemos descifrar como se cumplirá todo en detalle, seguramente se trata de una rhema de Dios sino de nuestro concepto natural. Una palabra divina siempre requiere de una fe divina para cumplirla. El razonamiento humano y los cinco sentidos naturales normalmente son los mayores obstáculos para el cumplimiento de las profecías personales.

Aquellos que no pueden tomar una decisión basados totalmente en la palabra de Dios, nunca deben ir a un profeta para solicitar una palabra del Señor. Si ellos van actuar a su manera y conforme a los modelos de éxito del mundo entonces no deben malgastar su tiempo buscando una profecía personal para sus negocios y financias. Los *caminos de Dios* y los *caminos del hombre* carnal son tan diferentes que cuando tratamos de mezclarlos confunde más la situación (1 Co. 2:14; Is. 55:8,9).

Esta es la condición de la mayoría de hombres de negocio cristianos que habiendo entregado sus empresas a Dios, todavía operan conforme a los parámetros del mundo. Si una persona dedica su negocio a Dios y pide que Dios lo bendiga, pero no desea efectuar sus negocios siguiendo la dirección de Dios, entonces se ubica en el paso de la corriente de autodestrucción y bancarrota. Debemos decidir de una vez por todas si vamos a seguir lo uno o lo otro para poder tener éxito.

El hombre del mundo sabe como alcanzar el éxito en las finanzas pero Dios también. Los principios y los procesos son similares, pero existe tanta diferencia que los hacen incompatibles. Ambos métodos no pueden ser aplicados al mismo negocio y esperar tener éxito. De la misma manera que no debemos colocar gasolina y diesel en el mismo tanque y esperar que el auto funcione perfectamente. Aquellos que están dedicados y han decidido administrar sus negocios basados en la palabra de Dios, y están dispuestos a caminar por la fe, recibirán grandes beneficios del ministerio del profeta y la profecía personal.

EL POR QUÉ ALGUNOS HOMBRES Y MUJERES DE NEGOCIOS NO PROSPERAN

¿Por qué algunos cristianos reciben profecías que hablan de grandes éxitos y cantidades de dinero que ganarán para invertirlos en la Iglesia pero nunca ven el cumplimiento de esto en sus vidas? Conozco a tres personas en particular, dos caballeros y una dama, que tipifican este problema. A ellos los conocía desde hace varios años por medio del ministerio y algunos proyectos de negocio. Ellos eran cristianos carismáticos, y cada uno dueño de su negocio. Les profeticé más de una vez sobre su potencial de éxito y prosperidad. Cada profeta y santo que les profetizaba (fueron varios quienes lo hicieron), decían lo mismo sobre sus capacidades y llamado.

Sin embargo, dos de ellos nunca bendijeron el Reino de Dios con sus finanzas. La dama tenía la habilidad de convocar pastores, profetas, y líderes prominentes nacionales de la Iglesia y el mundo de los negocios. Ella pasó de invertir en bienes raíces, a inversiones en oro, petróleo, y la bolsa de valores. Siempre estaba a punto de ganar millones, y expresaba que su intención era dar a la obra del señor, la he conocido por más de diez años. Pero en los diez años que la he conocido, ella nunca ha bendecido a ninguna persona o ministerio con su dinero. Al contrario, ella ha tomado dinero prestado de todos los que tratan con ella. Mi trato con ella me costó $2,000. Otro ministro muy conocido invirtió $10,000 con la promesa de recibir millones, pero nunca recibió nada solo tiempo y dinero perdido. También, otro destacado hombre de negocios que no era cristiano, invirtió y perdió mas de $100,000 para que ella fuera a otros países a conseguir capital extranjero con interés más bajo, y contratos de petróleo y otros productos en el mercado de futuros y la bolsa mercantil mundial.

La tercera persona era un poco distinta a las primeras dos. Él había sido llamado al ministerio y participaba en cierta forma en la Iglesia. Todo el tiempo estaba a punto de lograr algo grande que se traduciría en millones para el Reino de Dios. Él tiene docena de ideas para nuevos inventos, y muchas otras ideas para el ministerio; pero han pasado los años y ninguna ha dado fruto.

Yo llamo a las primeras dos personas lobos disfrazados de ovejas que son utilizados por el diablo para controlar el tiempo del ministro y manipular a otros cristianos. Estas personas tienen visiones de grandeza pero se engañan a sí mismos y son egoístas. Su sentido de importancia y egocentrismo les hace creer que lo saben todo y pueden hacer cualquier cosa. Son sanguijuelas espirituales que nutren sus vidas aprovechándose de otros.

La tercera persona ha tenido éxito en sus negocios, pero ha sido a costa de aquellos que han tratado con él. Él no solo tiene "el espíritu de manipulación y engaño" de Jacob, sino que sencillamente su motivación no es la correcta.

Todas estas personas por su conversación y forma de ser nos harían creer que desean nuestro éxito. Ellos dan la impresión de ser muy altruistas y generosos pero cada acción aparentemente buena tiene una calculada intención de ganancia propia. Todas sus dotes espirituales son utilizadas para su beneficio propio y no por amor a Dios y sus caminos.

Tristemente, los cristianos han aprendido a amar, confiar y ayudar tanto a otros que se convierten en personas crédulas y presa fácil de esta clase de "cristiano." Si el mundo les asignara un nombre, ellos no serían tan amables en denominar sus acciones como una "debilidad" o "inmadurez." Ellos les clasificarían como lo que son: estafadores.

Las personas que tiene una motivación indebida y principios inapropiados nunca verán el cumplimiento de sus profecías personales, aunque estas palabras sean las de un profeta maduro actuando bajo la dirección del Espíritu Santo. El terreno de su alma es poco profundo y duro. Si observamos detenidamente notamos que el terreno más profundo de su alma tiene los espinos de prácticas injustas. Esta clase de personas nunca dará fruto, ni serán productivos en la Iglesia, a menos que ellos permitan que Dios labre su terreno y arranque todas los espinos que no dejan reflejar la imagen de Cristo en sus vidas. Dios no ha permitido a los profetas desenmascarar a estos impostores todavía. El trigo y la cizaña crecen juntos hasta el tiempo de la cosecha — pero el tiempo de la cosecha se acerca. Dios odia la manipulación falsa y egoísta de su pueblo para ganancia personal, no importa si es un hombre de negocios cristiano, profeta o pastor.

En conclusión, debemos mencionar el lugar de la sabiduría para mantener un equilibrio entre los negocios y la profecía personal. No podemos administrar un negocio basados en las profecías personales dadas por otras personas, pero si necesitamos una palabra del Señor de vez en cuando, para poder convertirlo en un éxito para Dios. En mis años de experiencia en este campo, he descubierto que si hemos sido llamados a ser hombres de negocios, entonces Dios nos concederá la capacidad, la sabiduría, y conocimiento necesario para triunfar. Un verdadero llamado de Dios incluye Su Poder para cumplirlo.

Aunque soy un profeta, muy pocas de mis decisiones como presidente de Christian International School of Theology y Christian International, CI (Seminario de Teología de Christian International y los Ministerios de CI) son basadas en profecías personales. La mayoría de mis decisiones las tomo basado en los "tres pasos" de Dios: Su Palabra, Su Voluntad y Su Camino. Algunas veces, la profecía personal determina la voluntad de Dios y Sus caminos, pero nunca debemos depender completamente de las palabras proféticas de otros para realizar la misión de Dios en nuestra vida.

Si Dios ha llamado a alguien a ser pastor, entonces Dios le ha concedido la capacidad de preparar mensajes, aconsejar a los santos, y liderar el rebaño. Si el pastor tiene que llamar al profeta todas las semanas para que el profeta le diga que debe predicar el Domingo, entonces este hermano depende demasiado del profeta, o quizás no ha sido llamado a predicar. Si un hombre de negocios llama al profeta o requiere de un santo para que le dé palabra del

Señor antes de tomar cualquier decisión administrativa de rutina, entonces él no debe estar en esa posición. Las personas que no han sido creadas con esa capacidad administrativa deben trabajar en otras áreas. Un ministro que no puede tener un mensaje nuevo para predicar con unción, ganar almas, y motivar a la madurez al pueblo de Dios en el ministerio debe dejar el pulpito y ocupar las bancas.

Si realmente creemos que Dios nos ha llamado a cumplir lo que estamos haciendo, entonces debemos creer que Su gracia y sabiduría están en nosotros para triunfar. Sin embargo, no debemos ser tan autosuficientes que rehusamos acudir a un profeta cuando lo necesitamos, o escuchar lo que él tiene que decir cuando Dios lo envía para darnos una palabra de instrucción.

11

TERMINOLOGÍA PROFÉTICA

Mi esposa ha vivido conmigo por más de treinta y dos años. Ella entiende, no sólo lo que digo, sino también lo que quiero decir por mis acciones, sonidos, gestos y ademanes. Ella también puede entender lo que trato de decir, aunque cuando no esté segura del significado de mis palabras, no porque ella sea una experta en lingüística, pero porque conoce muy bien a Bill Hamon.

Es lo mismo en nuestra relación con Dios. Entre más le conocemos y más íntimamente nos relacionamos con Él, podemos entender mejor sus palabras y responder a ellas debidamente. Entender la palabra de Dios no es tan fácil como parece al principio. Las Escrituras nos dicen que Él piensa y se expresa de una forma muy diferente a la nuestra. Los caminos de Dios, se nos recuerda, son más altos que nuestros, como los cielos de la tierra. Por ello debemos conocer la terminología profética de Dios.

Creemos que las sagradas escrituras fueron inspiradas por el Espíritu Santo, originándose en la mente de Dios. Así que, no deberíamos sorprendernos si la Biblia nos revela algo sobre como Dios piensa. La Biblia muestra como Él nos habla y los términos humanos que Él usa para expresarse. Específicamente, podemos estudiar los libros de los profetas para encontrar la terminología de Dios, en donde hay muchas citas precedidas por "así dice el Señor."

Debemos recordar, a medida que leemos, que una traducción moderna o una paráfrasis de la Escritura, nos ayudaría a tener un entendimiento más real de cómo Dios le hablaría a alguien en este siglo. Jesús, no habló en el español de la versión Reina Valera cuando estuvo aquí en la tierra, Él utilizó el lenguaje común y corriente de la gente de aquel tiempo. Jehová se declara a Sí mismo como él "YO SOY", el Dios del presente — eterno, quien se comunica con todas las generaciones en su propio lenguaje y costumbres. Por lo tanto, si Jesús viniera personalmente a este país, Él hablaría en un lenguaje normal, utilizando las ilustraciones y los términos modernos de este siglo.

Todo lo que Jesús expresó en la tierra demostró la forma como Dios se comunica. Al leer los evangelios y también los libros de los profetas, y si miramos detenidamente las palabras de Jesús, podremos comprender mejor la manera como Dios habla — lo que llamaremos terminología profética.

TERMINOLOGÍA PROFÉTICA CON RELACIÓN AL TIEMPO

A través del estudio bíblico y experiencias propias, he aprendido que Dios define el término tiempo de una manera muy distinta a la nuestra. Aunque Él nunca parece tener prisa, siempre llega a tiempo, pero a veces parece tomar más tiempo de lo que creemos.

Algunos de los mayores fracasos en la vida de los más grandes personajes bíblicos, fueron el resultado de su impaciencia con Dios cuando esperaban el cumplimiento de la profecía. Abraham, por ejemplo, creía que le faltaba poco tiempo y quiso "ayudarle" a Dios a cumplir Su palabra. El resultado fue Ismael (Gen. 16). Cada vez que nos adelantemos al tiempo estipulado por Dios para el cumplimiento de lo profetizado, siempre produciremos algo en la carne que eventualmente se opondrá al fruto de la verdadera promesa profética.

Saúl, es un buen ejemplo de este problema. Él creía que Dios le había fallado y que no había cumplido la promesa que Él le había hecho por medio del profeta

Samuel. Entonces Saúl "se vio obligado" a desobedecer y ofrecer el sacrificio sin esperar que Samuel llegara. Ese momento de impaciencia le costó a Saúl su unción y anuló la palabra profética de Dios que decía que sus descendientes se sentarían sobre el trono de Israel (1 S. 13–18).

Recordemos también, cuándo Jesús se enteró que Su amigo Lázaro estaba muy enfermo, Él esperó cuatro días antes de ir a verlo. Los discípulos creían que Jesús se había demorado en ir. Cuando llegó, Marta y María le expresaron que si Él hubiera venido antes, hubiera podido hacer algo, pero ya no había más esperanza porque Lázaro estaba muerto.

Pero Cristo siempre tiene la última palabra sobre si es o no demasiado tarde. Hoy como en ese entonces, aunque parezca demasiado tarde, Cristo puede resucitar aquello que está muerto. La pareja puede estar tramitando el divorcio; el negocio puede estar prácticamente en la bancarrota; las oportunidades para ministrar pueden haberse desaparecido; puede que los doctores no den esperanza; el huracán puede ir en dirección directa a su casa; si Dios le ha dado una promesa profética clara, Él vendrá a tiempo, pero en Su tiempo. Él estará allí para salvar la situación, o resucitarla si es necesario.

Saber que Dios tiene su cronograma, puede motivar a aquellos que caminan por la fe, confiando en la fidelidad de Dios para cumplir la promesa profética. Sin embargo puede ser frustrante para la carne, probando la paciencia de los santos. Hubo una época de mi vida en que nada me molestaba mas que escucharle a alguien decir, "No se preocupe, todo eso sucederá en el tiempo de Dios", puesto que deseaba que algo sucediera en ese mismo instante. Resentía y rechazaba ese comentario porque pensaba que mi fe obligaría a que Dios actuara en el tiempo deseado por mí. Pensé que nadie conocía mejor que yo cuan urgente necesitaba que todo se cumpliera. Mañana sería demasiado tarde.

Después de más de treinta años, he llegado a entender que Dios tiene tiempos y épocas en las que suceden las cosas. El cronograma de Dios no siempre tendrá sentido para el hombre natural; Nuestra alma pregunta "¿por qué?" He aprendido, sin embargo, que Su tiempo es necesario para alcanzar la plenitud, madurez y para ordenar todo en nuestras vidas. Consideremos algunos versículos de la Biblia que resaltan lo anterior:

"Pero cuando vino el *cumplimiento del tiempo*, Dios envió a Su Hijo" (Ga. 4:4). "El cuál se dio a sí mismo en rescate para todos, de lo cual se dio testimonio a su *debido tiempo*" (1 Ti. 2:6). "Porque Cristo...*a su tiempo* murió por los impíos" (Ro. 5:6). "De reunir todas las cosas en Cristo en la dispensación del *cumplimiento de los tiempos*" (Ef. 1:10). "Todo tiene su *tiempo*, y todo lo que se quiere debajo del cielo *tiene su hora* ... todo lo hizo hermoso en su *tiempo...hay un tiempo* para todo lo que se quiere y para todo lo que se hace" (Ec. 3:1,11,17). "No os toca a vosotros saber *los tiempos o las sazones* que el Padre puso en su sólo potestad. Pero recibiréis poder...venga sobre ti el Espíritu Santo (Hch. 1:7–8). "Hasta *la hora* que se cumplió su palabra, el dicho de Jehová lo probó " (Sal. 105:19). "No nos cansemos, pues, de hacer bien porque *a su tiempo cegaremos* si no desmayamos" (Ga. 6:9).

TERMINOLOGÍA PROFÉTICA DE DIOS CON RESPECTO A CIERTAS PALABRAS

"DE REPENTE" O "INMEDIATAMENTE"

Cuando Dios usa las palabras "de repente" o "inmediatamente", necesitamos comprenderlas a la luz de su significado bíblico. Aparentemente, parece que un acontecimiento repentino hubiera ocurrido sin previo aviso, pero si profundizamos en el estudio encontraremos que, aquello que culminó en una manifestación repentina, tuvo mucho tiempo de preparación.

Por ejemplo, Hechos 2:2, dice "Y *de repente"* vino del cielo un estruendo como de un viento recio que soplaba, el cuál llenó toda la casa donde estaban sentados." El uso de la palabra "de repente", nos da la impresión de que era una sorpresa inesperada de parte de Dios para la cual nadie estaba preparado o pensaba que sucedería. La verdad es que ciento veinte de los seguidores de Jesús, incluyendo Sus apóstoles, había estado orando fielmente, confiando y esperando la visitación sobrenatural del Espíritu Santo — desde que Jesús les había dicho que regresaran a Jerusalén y esperaran allí la promesa del Padre (Hechos 1:4–5).

"De repente", en el día de Pentecostés todos ellos comenzaron hablar en otras lenguas, y fueron bautizados con el Espíritu Santo. Esto sucedió conforme al cronograma de Dios, y la preparación del hombre. Los apóstoles habían recibido tres años y medio de preparación y habían esperando fielmente desde la ascensión de Cristo al cielo. Al amanecer el día del Pentecostés, estos fieles seguidores estaban listos para Dios, y las relaciones entre ellos era la indicada ("unánimes juntos"), estaban en el lugar apropiado y el momento de Dios había llegado. Así que "de repente", la promesa del Padre fue cumplida y ellos fueron dotados con poder de lo alto. ¡Cuándo el día de Pentecostés *llegó a su plenitud* ... de repente!

La palabra "inmediatamente", fue usada por Jesús en forma similar. Cuando Él comparó el establecimiento del Reino de Dios con la siembra de una semilla, Él habló de la cosecha "inmediata" al final de las edades (Mr 4:26–29). Pero la cosecha, sólo viene después que la semilla ha sido sembrada, se ha desarrollado, estando oculta en la tierra, y luego de haberse convertido en una planta madura con su fruto. Cuando el fruto está maduro, "inmediatamente" el agricultor empieza la cosecha. Lo que llamamos "de repente" o "inmediato", es realmente un proceso basado en una preparación y crecimiento progresivo.

Dios siembra en nosotros una semilla de Su Reino,

puede ser una visión, un ministerio o la inspiración para un proyecto. Él hace que la semilla crezca sin que nosotros u otros se den cuenta. A veces oramos y esperamos pero nada sobrenatural parece estar sucediendo, pareciera que nadie, ni aun Dios, reconociera, recibiera o apoyara la visión o ministerio. *De repente*, cuando el proceso ha llegado a su completa madurez, cuando la persona, el ministerio y el propósito de Dios están listos, entonces *inmediatamente,* Dios recoge la cosecha colocando en marcha todos los aspectos concernientes al cumplimiento de Su promesa. Entonces, en ese momento será manifestado poderosamente a la Iglesia y el mundo.

En resumen, no debemos preocuparnos de cuando Dios actuará para cumplir completamente la visión y el ministerio que Él nos ha dado. Nuestra responsabilidad es cuidar la semilla y limpiar la tierra. Sencillamente, debemos seguir trabajando en lo que estamos, creyendo en el ministerio, confesando su cumplimiento y buscando la dirección de la cosecha. Sólo el Señor de la cosecha conoce el tiempo indicado y cuándo todo se hace en Su tiempo, nuestro ministerio tendrá un fundamento sólido y nuestra vida estará protegida. Cristo será glorificado, los santos serán edificados y el mundo será reconciliado con Dios.

"AHORA" Y "HOY"

Cuando oímos las palabras "ahora" y "hoy" normalmente pensamos "inmediatamente" o "dentro de veinticuatro horas." En términos proféticos, sin embargo, estas palabras no siempre tienen el significado que conocemos.

En los primeros dos años del Rey Saúl, él recibió una profecía personal por medio del profeta Samuel. Saúl desobedeció la anterior palabra del Señor, y entonces Samuel profetizó juicio sobre él manifestándole que su Reino no continuaría *"ahora."* Si hubiéramos escuchado aquella profecía, probablemente hubiéramos pensado que se cumpliría inmediatamente, pero en el tiempo profético de Dios *"ahora"* significaba treinta y ocho años más tarde y no fue hasta entonces que Saúl perdió su reino (1 S. 13:1–14).

Unos años más tarde, Samuel le dio a Saúl otra profecía personal con instrucciones detalladas sobre que debía hacer, pero Saúl desobedeció la palabra del Señor en su totalidad. Por ello, el profeta Samuel tuvo que declararle otra palabra de juicio: "Jehová ha rasgado *hoy* de ti el reino de Israel, y lo ha dado a un prójimo tuyo mejor que tú" (1 S. 15:28). De nuevo, el término profético de Dios no se refería lo que nosotros podríamos pensar; *"hoy"* no significaba que el reinado de Saúl terminaría dentro de las próximas veinticuatro horas. La transferencia del reino a David ocurrió veinticuatro años después.

En la historia de Samuel y Saúl encontramos un valioso concepto sobre el proceso profético de Dios en la vida de una persona. Cuando la profecía personal es declarada, ésta es decretada y establecida espiritualmente, pero pueden pasar muchos años antes de que se cumpla en lo natural. Por esa razón, no debemos juzgar que una profecía es falsa simplemente porque no se cumplió en el tiempo que pensábamos debía cumplirse.

Si una profecía da una fecha exacta "Así dice el Señor, recibirás un cheque por cincuenta mil dólares al mediodía del 29 de julio de 1989" — entonces podemos decir que parte de la profecía es falsa si no llega a su cumplimiento en el tiempo indicado. Pero si usa las frases como "muy pronto," "hoy, " "ahora" o "en un futuro cercano," no deberíamos colocar límites de tiempo a la palabra profética.

La Biblia dice que Dios habla de cosas que no son como si fueran: "Abraham creyó...a Dios ...quien llama las cosas *que no son*, como si *fueran*" (Ro. 4:17). Debido a este principio en la terminología profética, algunas veces es difícil determinar si la profecía personal habla de cosas del pasado, presente o futuro.

Basado en los ejemplos bíblicos y años de experiencia propia, he observado que las siguientes definiciones para los términos proféticos han sido muy útiles, aunque sean flexibles:

Inmediatamente significa de un día a tres años.
Muy pronto significa de uno a diez años.
Ahora u **hoy** significa de uno a cuarenta años.
Lo haré sin determinar un tiempo especifico significa que si la persona obra en obediencia, Dios intervendrá en cierto momento de su vida.
Pronto fue el término utilizado por Jesús al describir Su pronto regreso hace casi 2,000 años. "He aquí, que vengo pronto."

TÉRMINOS PROFÉTICOS QUE SUGIEREN CIERTOS PROCESOS

Algunos términos proféticos presumen que habrá ciertos procesos para lograr su cumplimiento. La herencia del carácter de Dios, los frutos del Espíritu Santo, son semillas sembradas en la tierra del alma redimida que deben ser cultivadas. Así que Él prepara el terreno de nuestra vida por medio de situaciones que desarrollan ciertas virtudes en nuestras vidas como: La paciencia, sabiduría, amor y fe. Si Dios habla proféticamente sobre la intención de concedernos algunas de estas virtudes o que las manifestaremos poderosamente, entonces debemos entender los procesos a los cuales seremos sometidos y en los cuales creceremos.

Tenemos la tendencia a no aprovisionarnos de lo sobrenatural a menos que nuestros recursos sean insuficientes. De modo que Dios ordena nuestras circunstancias en tal forma que nos vemos forzados a recibir Sus virtudes y así poder sobrevivir. Los siguientes términos en una profecía deberían prevenirnos sobre las diferentes formas como Dios estará obrando para que se cumplan en nuestras vidas:

PACIENCIA

Cuando una profecía personal dice que tendremos gran paciencia, debemos recordar las palabras de Romanos 5:3, *la tribulación* es el terreno en el cual crece la paciencia. Los problemas, presiones, pruebas y retrasos le permiten al Espíritu Santo que desarrolle la fortaleza divina durante estos momentos de aflicción e incertidumbre en los que parece como si nuestro mundo se derrumbara. En esas situaciones, Él nos da oportunidades de triunfo que aumentan nuestra esperanza. La esperanza hace que volvamos a creer, porque el amor de Dios, quien es la misma imagen de la paciencia y rebosa en nuestros corazones por el Espíritu Santo.

SABIDURÍA

Cuando Dios dice proféticamente que Él nos dará sabiduría, eso significa que Él permitirá que enfrentemos problemas y situaciones que sobrepasan nuestra capacidad de resolver. Entonces nos veremos en la necesidad de recurrir a Dios, permitiendo que Él cumpla Su promesa totalmente. Después de todo, realmente no necesitamos la sabiduría divina a menos que todas las opciones de la sabiduría humana se hayan agotado y demostrado que son insuficientes para solucionar el problema.

AMOR

Cuando una palabra profética nos dice que manifestaremos el amor divino, significa que tendremos que tratar con algunas personas difíciles de amar. Ellos harán cosas que destruirán todo nuestro amor humano, así que, la única forma de poder amarlos será dependiendo del amor "ágape" de Dios que puede amar aun lo más odioso. Normalmente, será alguien conocido y apreciado por nosotros. En lugar de sufrir y ofendernos, debemos arrepentirnos y recibir el amor de Dios para esa persona.

FE

Podemos tener tres clases de fe: la fe que salva, el don de fe y la fe del fruto del Espíritu. Cuando se expresa en una profecía que tendremos gran fe, debemos entender que una vida al borde del desastre y en necesidad de un milagro es el terreno fértil para el fruto de fe del Espíritu. Si Dios nunca nos posiciona en una situación donde no podamos suplir nuestras propias necesidades por nuestros propios medios, entonces nunca desarrollaremos el fruto de fe.

EDIFICAR, ENSANCHAR, INCREMENTAR

Algunas veces Dios dice "voy a edificar, incrementar, ensanchar," pero para edificar más alto, las bases deben ser más profundas. Eso significa que primero debemos derribar el antiguo edificio, desenterrar la base anterior y establecer una nueva base capaz de sostener un ministerio de diez pisos en lugar de un ministerio de un solo piso. Por lo tanto, estos términos sugieren que habrá experiencias que reconstruirán el ministerio, y ensancharán nuestra alma.

UNA GRAN COSECHA

Cuando Dios declara por medio de la profecía personal que Él nos dará una gran cosecha, entonces el proceso profético entra en función a partir del punto en el que nos encontramos cuando recibimos la palabra. Si un agricultor recibiera tal profecía, él seguramente entendería por experiencia propia lo que va a esperar.

Tomemos como ejemplo, el agricultor que siembra maíz en el centro oeste de los Estados Unidos. Sí recibiera una palabra profética en Agosto, después de haber arado la tierra por última vez, él sabría que tendría que confiar en Dios para que hubiera suficiente lluvia, protección de las tormentas y así el maíz podría madurar y ser cosechado en su debido tiempo. Si él recibiera esa palabra profética en Enero entonces él sabría que tendría que hacer muchas cosas para cooperar con la palabra de Dios y ver su cumplimiento. Él tendría que preparar el terreno, abrir los surcos para luego sembrar la semilla, cultivar la tierra, fertilizarla, regarla y fumigar contra enfermedades e insectos. Además tendría que cosechar inmediatamente cuando la cosecha estuviera lista.

Una palabra profética sobre una cosecha espiritual requiere la misma dedicación, diligencia, cooperación y respuesta. La fe sin obras está muerta y la confesión no es posesión. La simple proclamación de nuestra profecía no hará cumplir la promesa sin ser complementada por la obediencia.

Si en verdad creemos en la promesa profética de un gran ministerio de Dios para nosotros entonces, como el agricultor debemos comenzar a cooperar con la palabra para que entonces estemos listos en el momento de su cumplimiento. Por la fe debemos comenzar nuestra preparación, practicando la paciencia hasta que la promesa sea alcanzada. Si no tenemos la fe para prepararnos aunque no haya ninguna oportunidad ministerial a la vista, o cuando dejamos de ver cómo la palabra podría convertirse en una realidad, perdemos la oportunidad de participar activamente en la promesa.

EJEMPLOS BÍBLICOS

La obediencia de Noé, hubiera sido inútil si él hubiera esperado hasta ver las primeras gotas de lluvia para construir el arca. David tenía que ser fiel, cuidando el rebaño, matando al león y el oso, antes de poder enfrentar al gigante. Los tres reyes de Israel, Judá y Edom tuvieron que cavar pozos en el desierto antes que la promesa profética de Eliseo sobre el agua se cumpliera. Algunas veces, el proceso de preparación no tendrá ningún sentido o lógica natural, pero si de todas maneras nos preparamos, Dios proveerá en abundancia conforme a Su palabra profética.

GRAN VICTORIA

Sí oímos que obtendremos una gran victoria, pero en la actualidad no tenemos una lucha, entonces preparémonos para enfrentar una. No podemos alcanzar una gran victoria sin una gran batalla; batallas pequeñas solo producen victorias pequeñas, así que cuando escuchamos palabras como "victorioso," "vencedor," o "más que vencedor," podemos estar seguros que habrá batallas. Pero podemos estar seguros de que ganaremos.

RESTAURACIÓN

La palabra "restauración" tiene dos significados. Cuando Dios dice que él restaurará ciertas *cosas,* significa que Él hará que recuperemos lo que hemos perdido. Pero sí dice que Él *nos* restaurará, entonces se refiere a la clase de proceso por el que pasa un automóvil viejo antes de ser restaurado. Seremos desarmados pieza por pieza completamente, esparcidos por todo el taller, pulidos para quitar el óxido, nos darán piezas nuevas para remplazar aquellas desgastadas, y luego seremos rearmados y pintados. Primero nos convertimos en objeto de confusión y desorden antes de ser restaurados.

REVELACIÓN NUEVA, VISIÓN, Y NACIMIENTO DE UN MINISTERIO

Esta es la clase de terminología que el ángel Gabriel utilizó al declarar la profecía a María sobre el nacimiento de un ministerio (Cristo) que bendeciría al mundo. El proceso natural por el cual ella tuvo que pasar para engendrar a Jesús es similar al proceso espiritual por el cuál debemos pasar para engendrar el ministerio ordenado por Dios.

Antes que haya un proceso de nacimiento, debemos tener una relación intima con Dios que permita al Espíritu Santo sembrar las semillas de fe y visión. La visión, crece como un bebe en la matriz de nuestro espíritu. La paciencia, adaptación y flexibilidad divina se requieren para el largo proceso, desde la concepción hasta el nacimiento.

Asimismo, como el vientre de la mujer embarazada, nuestra alma se extiende hasta que sentimos que no podemos soportar más. Nos volvemos tan torpes en nuestro caminar espiritual, nos sentimos fuera de forma como la embarazada, especialmente en el último mes. Después de los "nueve meses", creemos que hemos llegado al limite de lo que podemos soportar, pero pronto nos damos cuenta, como ella, que las cosas empeoran antes de mejorar. Los dolores de parto son más intensos al momento de dar a luz.

Poco antes de que una visión, ministerio, o promesa profética se convierta en realidad visible, tendremos que pasar por las horas más oscuras con dolores de parto y preocupación. Cómo muchas mujeres, en ese momento empezamos a preguntarnos "¿Por qué pedí esto? ¡No quiero pasar por esto — no vale la pena!" Pero si soportamos y cooperamos con el proceso de alumbramiento en lugar de luchar contra él, veremos el resultado satisfactorio y pleno de nuestra labor. Veremos el nacimiento de un ministerio que todos podrán ver.

Como un bebe, el ministerio pasará por varios años en los que tendremos que cuidarlo día y noche. Dependerá totalmente de nosotros, pero a medida que depositamos nuestra vida, energías, tiempo y habilidades, podrá defenderse por sí mismo como todo niño. Todo lo que necesitará es la visión, cuidado, consejo, y cobertura de los padres.

MINISTERIO MUNDIAL, RECONOCIMIENTO, ÉXITO Y MINISTERIOS MILLONARIOS

La mayoría de personas que tienen el potencial de hacer grandes cosas y obtener gran prosperidad, no lo logran. Inclusive, cristianos llenos del Espíritu que han recibido muchas profecías sobre su gran potencial y el propósito de Dios en sus vidas, nunca ven el cumplimiento de sus promesas. ¿Por qué? Porque no están dispuestos a pagar el precio sometiéndose al necesario proceso divino para recibir la promesa.

Entre más poderoso el ministerio, más tiempo tomará Dios para moldear al hombre o la mujer. Entre más grande la promesa profética de hechos extraordinarios, más extensa será el proceso de preparación. Las profecías personales de gran aclamación y reconocimiento mundial significan que primero tendremos que experimentar situaciones humillantes, aparentes fracasos, rechazo, y abandono, sintiéndonos insignificantes y sin dirección. Así sucedió en la preparación de David, José, Abraham y Moisés.

Aquellos que de repente alcanzan "éxito" sin pasar por el proceso indicado de preparación, normalmente no pueden mantener su pureza individual, y madurez para llegar a la plenitud de su ministerio. Ellos podrán mantener su posición pero perderán la presencia de Dios, afectando sus prioridades y dedicación al propósito divino. El Rey Saúl y Salomón, son dos buenos ejemplos de este tipo de tragedia.

Por esta razón, debemos valorar profundamente la preparación de Dios a fin de poseer la promesa profética. Con la actitud y el conocimiento adecuado de la situación, podremos deleitarnos y motivarnos en el proceso, aunque no sea placentero. Por eso, Pablo podía decir, "Por tanto, de buena gana me gloriaré más bien en mis debilidades, para que repose sobre mí el poder de Cristo." (2 Co. 12:9–10).

Si no estamos dispuestos a pasar por los procesos requeridos, no debemos anhelar ni orar por el cumplimiento de las profecías personales de gran poder, posición y prosperidad. Si no estamos dispuestos a ser moldeados y preparados por Dios para un ministerio poderoso, entonces no debemos desearlo. Es mejor permanecer pequeño y mantener nuestro ministerio actual que convertirnos en un "Saúl" y perderlo todo.

LO HARÉ, TÚ LO HARÁS, LO HAREMOS

Cuando Dios dice "haré" grandes cosas, no significa que Él lo hará por sí mismo sin nuestra participación o cooperación. Cuando Dios dice "haré", Él quiere decir, "lo haremos"; "lo haré en ti y a través de ti, te capacitaré para hacerlo."

Dios le dijo a Moisés siete veces "lo haré," refiriéndose a Egipto, los hijos de Israel, y Canaán. Él comienza con: "Te sacaré de la tierra, debajo de las cargas de los Egipcios… y te traeré a una tierra…," y termina con " ¡Te la daré como herencia: Yo soy el Señor!" (Ex.6:6–8). Explícitamente no se menciona aquí cual es la responsabilidad de Israel. Parece una profecía absoluta e incondicional totalmente independiente del elemento humano y únicamente respaldada por el propósito de Dios.

Ya conocemos la historia del Éxodo. Cuando Dios dice "haré" significa que Él cooperará con nuestros esfuerzos: "Obraré sobrenaturalmente en aquellas áreas donde no puedas hacer nada en lo natural. Trataré con todos los involucrados y me encargaré de la otra parte de la situación. Seré la fuerza invisible y poderosa que te capacitará para salir triunfante. Milagros serán manifestados a través de ti. Te daré sabiduría para mantenerte en mis caminos, hacer mi voluntad y paciencia para perseverar hasta que recibas la promesa profética."

Por otra parte, cuando Dios dice, "lo haré," El también quiere decir "lo haremos." Por ejemplo Gedeón, cuando el ángel del Señor le dio su profecía personal, dijo: "Jehová está contigo, varón esforzado y valiente…Ve con esta tu fuerza, y salvarás a Israel de la mano de los madianitas, ¿No te envío yo?" (Jue. 6:12–14).

¡No es de extrañarnos que Gedeón solicitara ciertas garantias antes de proceder!. Todo el énfasis parecía estar en él y sus propios recursos. Entre más progresaba en este proyecto, más ridículo parecía desde el punto de vista natural. Cuando llegó la hora de batalla, él solo tenía trescientos hombres, algunos cántaros y lámparas. Pero Dios peleó a su lado y Gedeón venció.

No importa si el término profético es "haré" o "harás," Dios siempre quiere decir "lo haremos." Nosotros seremos la presencia mortal obrando en la tierra y Él será la fuerza invisible en los cielos haciendo milagros.

Entender todos estos términos proféticos es esencial para que la fe y la paciencia puedan cooperar con los procesos proféticos hasta obtener el resultado pleno.

12

LAS PROFECÍAS CON RELACIÓN A EMBARAZOS Y NACIMIENTOS DE BEBÉS

Todos los profetas que he conocido a través de los años, han tenido experiencias en las cuales Dios les ha indicado que den una palabra profética dirigida a hermanas, mencionando embarazos y nacimientos de bebés. Algunos han llegado a profetizar el género del bebé, si va a ser niño o niña. La mayoría de veces, las parejas que recibieron estas profecías no habían podido concebir hasta ese momento. Personalmente, he dado profecías a numerosas parejas que por muchos años no habían logrado concebir. Sin embargo, nueve meses después nace el bebé. Para algunos, al momento de recibir la palabra profética era clínicamente imposible.

Las profecías que producen el milagro en la persona estéril, no son dadas por discreción y voluntad del hombre. Los profetas y profetisas deben hablar conforme a lo que el Espíritu Santo les indique. De la misma manera, hay algunos ejemplos bíblicos en donde el siervo de Dios, aparentemente sin seguir instrucciones divinas, habló y el milagro se produjo. Eliseo, por ejemplo, deseaba demostrar su agradecimiento a la pareja que le había preparado un aposento en su casa. Él sugirió varias cosas que podía hacer, como recomendar su nombre al rey, pero ella no quería ninguna de esas cosas. Cuando Eliseo le preguntó a su siervo Giezi, si sabia algo, él mencionó que la mujer estaba casada con un hombre mucho mayor que ella, y no tenía hijos. Posiblemente, él sugirió que esa sería una forma de bendecirla por su bondad hacia el profeta.

Eliseo llamó a la mujer y le dijo, "El año que viene, por este tiempo, abrazarás un hijo." Aproximadamente nueve meses después, ella tuvo un bebé. En este caso no hay indicando que Dios le haya dicho a Eliseo que profetizara a la mujer que tendría un hijo. Sencillamente, él parece que hizo uso de su poderosa unción profética y fe para declarar una palabra de vida (2 R. 4:8–18).

Tenemos el ejemplo de Ana. Ella vivió varios años como mujer estéril al lado de su esposo, Elcana. Ana oró e intercedió por años, anhelando tener un bebé, y un día ella estaba en el altar del templo gimiendo delante del Señor. Elí el sumo sacerdote, quien era muy insensible espiritual-mente, no pudo discernir el corazón de ella y asumió por su manera de actuar que estaba ebria. Ana le explicó que ella no estaba embriagada, pero que se sentía muy triste y clamaba a Dios por un hijo. Elí se expresó diciendo, "Ve en paz, y el Dios de Israel te otorgue la petición que has hecho." La Escritura no registra que Elí dijo esto por inspiración divina; sencillamente, él parece haber actuado con la autoridad del sumo sacerdote y profeta que era. Afortunadamente, Ana no permitió que una falsa acusación de un siervo de Dios, su falta de discernimiento espiritual y prudencia divina, fuesen obstáculo para ella apropiarse de esas palabras. Él era el único representante de Dios en ese momento y en ese lugar, así que ella recibió las palabras como respuesta del Señor. Entonces, ella regresó a su casa con su esposo; concibió y tuvo un hijo llamado Samuel, el profeta (1 S. 1–20).

A muchas mujeres de la Biblia les fue profetizado con plena anticipación que concebirían. A algunas, incluso, se les decía el sexo del bebé, su nombre y su destino. Manoa y su esposa recibieron la promesa de antemano; A Zacarías, Elizabet y María se les dijo que nombres deberían darle a los niños y cuales serían sus ministerios. A Isaías y Oseas, los profetas, se les indicó como llamar a sus hijos, porque sus nombres serían una profecía andante en la nación de Israel. Dios les dijo a Abraham y a Sara mucho tiempo antes que ellos tendrían un hijo y también que nombre deberían darle. En la Biblia tenemos ejemplos más que suficientes para demostrar que Dios sí revela de antemano información del tiempo de concepción y el nacimiento de bebés a ciertas parejas.

ALGUNOS EJEMPLOS ACTUALES

En mi propio ministerio profético, he oído cientos de testimonios sobre la concepción y nacimientos que han ocurrido después de que una pareja o esposa recibieran una profecía personal. Algunos de estos testimonios sirven para ilustrar los principios esenciales de la profecía personal y la palabra rhema en este tema. Las profecías que produjeron milagros de sanidad sobrenaturales, permitiendo que ocurriera la concepción, junto con un período de embarazo y nacimiento exitoso, son hechos reales. Estos testimonios proféticos de las parejas son evidencia clara de que milagros pueden ocurrir a través de la profecía, dando así capacidad de concebir y tener su propio bebé.

MILAGROS PROFÉTICOS

Una vez profeticé sobre un grupo de una Iglesia que había organizado un campamento familiar en Prescott, Arizona. Allí estaba una pareja que había venido con un grupo musical de Utah. Profeticé que Dios les estaba concediendo los deseos de su corazón y respondiendo a las oraciones con relación a tener hijos. Nueve meses más tarde tuvieron un bebé. Ellos testificaron que por siete años habían estado tratando de concebir y no habían podido. Unos meses más tarde visité su Iglesia y la abuela de esta joven madre me dijo que ella había intercedido por siete años por su nieta para que pudiera tener hijos. Toda la

Iglesia había estado orando también porque ellos ejercían un liderazgo prominente y eran muy amados por todos.

Con base en lo anterior, podemos notar que los milagros de la profecía individual son como el milagro de la salvación de un alma en que estos son frecuentemente, el resultado de muchas oraciones a favor de la persona o situación. La profecía personal es una herramienta de Dios para contestar nuestras oraciones, en la que él encuentra una voz que convierte en realidad Su milagro creativo. Algunas veces la profecía personal es un ministerio que sirve para sembrar semillas que produzcan los primeros pensamientos de fe para ciertas cosas; en otros casos, la profecía es un ministerio de irrigación y cultivo para dar ánimo y dirección hasta llegar al tiempo de la cosecha. Aún más, en otras ocasiones, la profecía es un ministerio de cosecha, declarando las palabras que indican el fin de un proceso y el cumplimiento inmediato de una promesa.

PROFECÍAS INESPERADAS SOBRE NACIMIENTOS

Algunas veces Dios declara proféticamente cosas por las que una pareja no ha orado ni deseado realmente. Un par de ejemplos pueden demostrar este punto.

Un caballero escribió un extenso testimonio sobre las muchas cosas que se habían cumplido a causa de las profecías que les había dado, incluso el nacimiento de su pequeña niña.

Mi esposa y yo habíamos estado casados solo por un año, y ninguno de los dos habíamos planeado tener un bebé puesto que mi esposa había sido viuda, y teniendo que criar por varios años a sus dos hijos sola. Cuando nos casamos, yo tenía cuarenta y siete años y ella tenía cuarenta.

Habíamos servido como padres transitorios para algunos niños y habíamos pensado cuidar permanentemente de otros, así que cuando usted nos profetizó que tendríamos una adición a nuestra familia y recibiríamos una bendición financiera, presumimos que significaba que tendríamos niños de crianza a nuestro cuidado y recibiríamos cierta remuneración por este servicio. Catorce meses después la profecía se cumplió cuando mi esposa quedó embarazada y finalmente dio a luz una niña a la que le dimos el nombre de Mary Joann.

El doctor había sugerido que consideráramos la opción de un aborto debido a la edad de mi esposa. Le dije, "¡No! el Dios que habló sobre esta nueva adición en nuestra familia hará que este bebé sea normal y saludable" y Alabado sea Dios, Él lo hizo. Mary Joann es una niña de seis años hermosa y saludable.

EVITANDO LA FRUSTRACIÓN

Recientemente tuvimos un caso en el que una pareja que formaban parte de nuestro personal no estaba lista para tener más familia, pero el profeta habló y las cosas comenzaron a suceder. Scott y Kathy Webster han estado con Christian International (CI) por cinco años. En Enero de 1986, en el Seminario Para Profetas de CI, uno de nuestros ministros les profetizó diciendo, "Van a tener su primer niño en Enero de 1987." Ellos estaban muy contentos con la promesa de tener un varón, pero no acerca de la fecha del nacimiento. La niña mayor, Johanna, tenía dos años y la segunda niña, Bethany, apenas tenía seis meses de edad. Definitivamente Kathy no deseaba tener otro bebé en doce meses, esto significaría tener tres hijos menores de tres años.

Dios no le dijo al profeta que diera esta palabra para obrar el milagro de la concepción, porque Kathy no tenía problemas para concebir. Tampoco era la respuesta a muchos años de oración y anhelos de tener un bebé. Aunque si cumplía el deseo del padre de tener un varón, esto no era una obsesión para Scott. Entonces, ¿Para qué Dios reveló esto y por qué el profeta lo declaró?

Creo que, primeramente, fue para comunicarle a Kathy que era la voluntad de Dios, que ellos tuvieran su primer hijo en 1987. La palabra sirvió para evitar la frustración de quedar embarazada tan pronto. La profecía confirmó de antemano que la concepción no había sido un descuido, sino que había sucedido en el tiempo de Dios y con un propósito para sus vidas.

La pareja tomó medidas necesarias para evitar el embarazo, esperanzados en que el profeta hubiera visto un "nueve" en lugar de un "siete," y que ellos tendrían el primer varón en 1989. De todas maneras, la palabra se cumplió, y Steven Scott Webster nació el 22 de Enero de 1987.

DANDO ESPERANZA PARA SEGUIR CONFIANDO

Algunas veces, Dios nos da una palabra rhema o permite que los profetas den una profecía personal sobre el nacimiento de un bebé, para mantener la esperanza viva hasta que en Su tiempo la obra de Dios se cumpla a plenitud. Nuestra hija y yerno esperaron dos años antes de intentar tener familia. Por tres años, Sherilyn trató de quedar embarazada pero no pudo.

Glenn ayudaba a ministrar en las Conferencias de Profetas de CI y también invitaba a muchos profetas a su iglesia, así que Sherilyn había recibido muchas profecías durante esos años. Diez o doce profetas además de otros santos, le habían dado palabra profética en que mencionaban que ella tendría familia. Unos profetizaron un niño y otros una niña. Uno profetizó un niño y una niña. Ella pensó que tendría gemelos. En un seminario, un profeta le profetizó que iba a tener un varón, y un pastor le dio una palabra de ciencia referente a que tendría una niña. La terminología que ellos usaban haría creer a uno que ella estaba embarazada, pero dos años después todavía nada había ocurrido.

Sherilyn había crecido en el hogar de un profeta y ella había fluido en la profecía desde su adolescencia, pero se desanimó pronto y me dijo, "Papi, estoy cansada de oír profecías que dicen que voy a quedar embarazada. ¡No quiero escuchar otra profecía que hable de tener familia!; ¡deseo quedar embarazada!"

Yo había profetizado en la Iglesia donde ellos son pastores que debían ampliar el cuarto de los niños, porque Dios iba a comenzar a traer parejas jóvenes y haría que los solteros en la Iglesia se casaran y tuvieran hijos. En ese tiempo solo había una pareja en la Iglesia con pequeños. Dos años más tarde habían más de quince pequeños en el cuarto de los niños. Los bebés estaban naciendo a su alrededor. Sus hermanos mayores tenían dos niñas cada uno, y ella todavía nada. Se sentía como Ana pensando, ¿Qué pasa conmigo? ¿Por qué no puedo quedar embarazada?

Finalmente Dios le indicó un tiempo. Un pastor-profeta de Kentucky asistió a un Seminario de Profetas de CI en Enero de 1985, se detuvo a visitar el hogar de Glenn y Sherilyn. Mientras estaba allí sintió del señor darle una palabra profética sobre el un embarazo, pero como él me había oído hablar de Sherilyn y de todas las palabras que ella había recibido y lo frustrada que se sentía, entonces él no se la dio. Aún así, al llegar a casa todavía tenía esta palabra, por lo que resolvió escribirle una breve nota: "Sherilyn, sentí del Señor que tendrías tu primer bebé para Diciembre de este año. Como estamos en Febrero, creo que no pasará mucho tiempo antes de comprobar si esta palabra es real o sólo mi imaginación." Así sucedió, Sherilyn tuvo a Charity Faith el 15 de Noviembre de 1985. La palabra profética se había cumplido.

El 5 de Febrero de 1987, Sherilyn dio a luz a Josué Glenn Miller. Entonces ella le dijo a su mamá, "Mami, ya puedes dejar de orar tanto; todo está funcionando."

¿Cuál profeta dijo lo correcto? ¿El que profetizó un niño? o ¿el que profetizó una niña? o ¿el que profetizó niño y niña? Todos profetizaron lo correcto. Ella tuvo una niña y un niño en un período de quince meses. La experiencia de Sherilyn debe enseñarnos que no debemos tratar de descifrar el cómo, el qué, y el cuándo; debemos creer, motivarnos y seguir adelante por la fe, hasta él tiempo del cumplimiento de su palabra en nuestra vida.

CONFIRMACIÓN ADICIONAL PARA MILAGROS DE MAYOR MAGNITUD Y PROCESOS MÁS LARGOS

¿Porque Dios le da muchas profecías a algunos y muy pocas a otros, aunque pasen el mismo tiempo al lado de profetas? Muchas profecías son dadas porque se necesitará más que leyes naturales para cumplirla. Se requerirá una fe extraordinaria, paciencia, y perseverancia. Así que muchas profecías que digan lo mismo son dadas por Dios para motivar a aquellos que se desaniman fácilmente, y confirmar que algo realmente es la voluntad de Dios, y que eventualmente se cumplirá en el tiempo y propósito de Dios.

Algunas veces, las profecías sobre los bebés implican que cantidades de cosas que deben cumplirse en diferentes áreas antes de que se haga una realidad en el tiempo y sabiduría de Dios. Si Dios usa la esterilidad para lograr ciertas cosas en la vida de una pareja, entonces Él permitirá que sus deseos y la palabra profética sobre la concepción se cumplan hasta que Su obra haya terminado. El siguiente testimonio detalla el caso de una familia que tipifica esta realidad.

El esposo es un abogado y la esposa una enfermera. Nosotros teníamos la universidad a distancia de CI en el Templo Trinidad de West Palm Beach, Florida, donde ellos asistían. Durante un periodo de tres años, desde la primera profecía que les di hasta su cumplimiento, les visité varias veces y estuve allí para ministrar en varias de las reuniones organizadas por la universidad. Cada vez que los visitaba les profetizaba, y siempre la profecía incluía algo sobre tener hijos. Entonces viendo que no concebían, pidieron consejería. Así que pasamos casi toda una tarde analizando las profecías y hablando sobre lo que decían con respecto a tener familia. Después de una evaluación cuidadosa, concluimos que la palabra decía que ellos iban a "tener" hijos, pero no decía específicamente que ella concebiría y daría a luz, de modo que ellos podían continuar el proceso de adopción.

Sin embargo, la siguiente vez que les profeticé, la profecía mencionaba las palabras "concebir" y "dar a luz". Esto eliminó las cuatro horas de consejería y la conclusión sobre la adopción. Ambas, las palabras escritas y las realidades implícitas en el testimonio de esta pareja, son importantes porque nos enseñan muchos principios sobre el proceso de Dios para el cumplimiento profético de la promesa. Como en el caso de Ana, esta situación nos demuestra que las demoras no significan olvido, sino que son medios para despertar la consagración:

Mi esposo y yo habíamos tratado de tener hijos, cuando en Septiembre de 1977, recibimos la primera profecía acerca de este asunto. Todo indicaba que para que esto sucediera se necesitaría un milagro. Las pruebas de fertilidad no eran muy alentadoras. Específicamente, tenía endometriosis aguda (tejido cicatrizado en la pelvis). que se estaba extendiendo a todos mis órganos reproductivos; grandes quistes y sus frecuentes rupturas me colocaban al borde de una intervención quirúrgica; además la mucosidad en el cuello del útero impedía que todos o la mayoría de los espermas sobrevivieran por suficiente tiempo. La cuenta de espermas de Richard era más bajo de lo normal, lo que empeoraba la situación. Mi doctor me había referido a varios especialistas quienes no podían definir un tratamiento que nos ayudara a concebir, aunque probamos todo los tratamientos disponibles, excepto la cirugía — esto tampoco era una garantía.

Las dos primeras veces que nos profetizó, la palabra decía que nosotros tendríamos hijos, y hablaba de la necesidad de un milagro creativo en mi cuerpo para poder hacer realidad mi clamor de fertilidad. La tercera vez que usted vino, solicitamos su consejo antes que tuviera la oportunidad de profetizarnos de nuevo. Me estaba frustrando, y me sentía confundida e inquieta con la posibilidad de tener hijos. Los deseaba tanto, y Dios había hablado por medio del profeta confirmando Su voluntad, pero nada sucedía. Después de varias horas de consejería, todos estuvimos de acuerdo en que debíamos seguir con los planes de adopción, en caso de que ese fuera el plan de Dios.

Durante todos esos años, tomé un medicamento para tratar la endometriosis que era nuevo en el mercado, que creímos era parte del plan de Dios para mi sanidad, y sirvió para mejorar un poco mi condición. Tres meses después deje de tomar el medicamento y la endometriosis empeoró a tal grado que el doctor recomendó seriamente la cirugía. Le recordamos al doctor que confiábamos en el Señor para que me sanara, y así poder tener los hijos que él nos había prometido. Luego, regresé a mi casa y me entregué totalmente a la misericordia de Dios por mi completa sanidad, reconociendo que debía ser sanada antes de poder concebir.

Dr. Bill, usted regresó otra vez en Octubre de 1979 al Templo Trinidad en West Palm Beach, Florida. Después que término de predicar, como a las 9:00 p.m., usted le profetizó a muchas personas hasta la medianoche y nosotros fuimos una de las últimas parejas.

Usted nos dio una profecía bastante amplia que tocaba muchos aspectos de nuestra vida, y otra vez la promesa acerca de tener hijos fue mencionada. En esta ocasión, era más específica, respondiendo a varias preguntas puntuales que teníamos y disipando

164

nuestra confusión e indecisión. Le había pedido a Dios que me quitara el deseo de tener mi propio bebé, si él deseaba que adoptáramos, pero ahora más que nunca deseaba concebir. No habíamos recibido noticia de nuestra solicitud de adopción, ni siquiera una entrevista.

No voy a tratar de expresar con palabras las luchas emocionales y mentales que estaba teniendo. A medida que el Dr. Bill profetizaba, varias palabras de instrucción y ánimo fueron dadas, entre ellas, "El tiempo está en las manos de Dios...cosecharán en su debido tiempo...entra en el descanso y la paz...deja la frustración...¿no desea un padre ser abuelo para su hija?...Porque con gozo darás a luz, dice el Señor...con gozo concebirás."

¡Esto contestaba claramente todas las preguntas que teníamos acerca de la adopción! La reconfirmación de que el tiempo estaba en Sus manos nos mantuvo en nuestro caminar de fe, a la misma vez que Dios finalizaba mi sanidad física y comenzaba la obra en algunos asuntos espirituales.

*En Marzo de 1980, asistimos a la conferencia de Jesús realizada en Orlando, Florida. Allí Dios me expuso ciertas áreas de mi vida que no eran agradables a Él. Me dijo claramente que no importa lo que otras personas con hijos hicieran o dijeran, no debía prestarles atención, pero si debía concentrarme en lo que Dios requería de mí. Él me hizo entender que hasta que yo no reconociera y resolviera esos asuntos que Él había señalado, Él **no** permitiría que tuviéramos una familia ¡Así que cambié de actitud!*

Cuando usted regresó otra vez en Mayo de 1980, de nuevo nos profetizó y también era después de la medianoche. Esta vez había un sentido de gran seguridad y confirmación de lo que había estado sucediendo en mi vida. La profecía personal confirmaba el proceso de ensanchamiento y madurez por el cual había estado pasando. Ahora estaba preparada con el conocimiento, entendimiento y capacidad para ser madre. Dios me expresó por medio de su profeta: "No lo haría hasta que tu fe madurara, hasta que tu confianza madurara, hasta que tu conocimiento madurara, porque eso es más importante para mí que el continuo clamor y deseo de ser madre." ¡Oh!, que paz y descanso tuvo mi alma.

¡Alabado sea Dios! Dos meses después de esa profecía, en Julio de 1980, Dios hizo el milagro de sanidad que me permitió concebir. En Mayo de 1981, nuestra preciosa hija. Mi embarazo y parto fueron muestras de la perfección de Dios, hasta el punto de que evitó que tuviera nauseas y pude continuar administrando mi negocio. Cuando la victoria profética se produce, Dios obra más allá de lo que pedimos o pensamos.

Después concebí nuevamente y Dios nos dio un hermoso hijo. Nuestra hija está ahora en el kinder y nuestro hijo sigue creciendo y goza de buena salud.

Gracias a Dios por los profetas y la profecía personal. Si no hubiera sido por la profecía personal que nos confirmó que Dios deseaba que tuviéramos familia y que serían nuestros propios hijos, posiblemente no hubiéramos tenido el entendimiento y la fe para seguir confiando hasta que Dios obrara el milagro. Quizás nos hubiéramos sentido obligados a efectuar la operación y hubiéramos intentado la adopción. No sé que hubiéramos hecho sin el profeta y la profecía personal, pero sé lo que hemos podido alcanzar con las bendiciones del ministerio del profeta y la profecía personal.

Esta pareja confió en Dios y fueron establecidos. Confiaron en el profeta y fueron prosperados. Ellos fueron receptivos al profeta con el ministerio de profeta y obtuvieron la recompensa del profeta.

La recompensa más grande de creer y recibir a un profeta es que permite que las palabras que él da se

166

cumplan. Rechazar la palabra de un profeta es rechazar al profeta; Rechazar a un profeta enviado por Dios es rechazar a Dios. Por ello, debemos asegurarnos de seguir los principios de una respuesta correcta a la profecía personal para poder recibir al máximo todos los beneficios.

UN PROCESO EXTENSO DE TRANSFORMACIÓN

Otra dama, de Indianápolis, también tuvo un proceso que parecía interminable, seguido de un milagro intermedio de la oración del profeta. En sus doce años de matrimonio, sin tener hijos, ella había sufrido un caso de hipoglucemia extrema que le producían efectos secundarios de esquizofrenia; tuvo una intervención quirúrgica de emergencia por la ruptura de un tumor; también una histerectomía parcial; y endometriosis en todos sus órganos reproductivos. Cuando ella conoció a Cristo en 1976, la hipoglucemia, las infecciones y la esquizofrenia se fueron inmediatamente. Tres años después, los doctores encontraron una protuberancia que cubría la abertura de su útero, indicando que era cáncer. Este es su testimonio y el ministerio profético que ella recibió:

El 8 de Enero, de 1982, usted había estado ministrando esa tarde. Apenas terminaba de impartir proféticamente el don de sanidad a una dama. Usted quería activar este don pidiendo a alguien que pasara adelante para que usted y ella oraran por la sanidad de la persona. Yo pasé al frente.

Usted me preguntó que era el problema, y yo sólo le dije, "un dolor." Inmediatamente usted me dijo, "problemas femeninos." Entonces, ustedes dos impusieron manos sobre mí y oraron pidiendo de Dios un milagro creativo.

Unos meses después, cuando fui a la consulta con un doctor cristiano, él confirmó que estaba embarazada. Calculando la fecha del nacimiento vi que todo empezó desde el momento que ustedes oraron por mí. Él también confirmó que no tenía cáncer ni tampoco ningún tumor en el útero. Él me dijo que tenía un útero muy sano y me encontraba en excelentes condiciones. Él estaba un poco sorprendido porque me acercaba a los cuarenta años.

Nuestra hija nació nueve meses y tres días después que usted oró por mí. Por razones que no entendí, aunque tal vez la preocupación de los doctores debió ser disipada, la tuve por medio de cesárea. Por medio de esta operación se confirmó que no había endometriosis en ninguno de mis órganos.

El colega de mi doctor, un hombre judío, fue el que hizo la cesárea. Él había tenido la oportunidad de ser testigo de todo lo ocurrido antes de la cirugía, y lo confirmó en mi expediente médico.

Tener un bebé hizo algo en mí como mujer y me ha dado una felicidad que es difícil expresar con palabras. Verdaderamente, ha sido un milagro y nos regocijamos con nuestra preciosa hija, dándole gloria y alabanza a nuestro Señor Jesucristo.

Si ella no hubiera conocido a Dios, y si no hubiera experimentado los dones del Espíritu santo y el ministerio del profeta, ¿Podría esta dama haber recibido todos estos milagros? No podemos responder con certeza, pero creo que habría sido muy poco probable. Pero sí sabemos lo que sucedió cuando ella fue salva y lo ocurrido después cuando fue receptible al ministerio del profeta.

Sí usted necesita un milagro, si su corazón esta clamando por conocer el propósito y el tiempo de Dios para su vida, usted necesita encontrar un lugar donde los dones del Espíritu Santo sean manifestados y los profetas estén activos profetizando. No se limite a buscar a cualquier cristiano inmaduro o "súper espiritual" para que le dé una palabra misteriosa. Busque un pastor que sea maduro para que reciba consejo y acuda a un profeta maduro y de unción para solicitar una palabra profética de instrucción o un milagro creativo de sanidad.

Si a usted le han desmotivado y decepcionado el uso inmaduro, ignorante, y presuntuoso de los dones y los profetas, no se desanime: Existen verdaderos dones del Espíritu Santo que están siendo demostrados, y también existen profetas íntegros, compasivos y ungidos por Dios en esta tierra. Dios tiene el remedio para su situación. Renueve su esperanza. Busque a Dios y camine con la compañía de profetas que Dios está levantando en está generación. Permita que Dios le hable por medio de Sus profetas y que Él obre milagros a su favor.

13

CARACTERÍSTICAS DE LA PROFECÍA PERSONAL

Para poder responder correctamente a la palabra de Dios, primero debemos reconocer las tres características que son aplicables a toda profecía personal. No importa la forma en que sea expresada, la profecía individual siempre será *parcial, progresiva y condicional.* Cada una de estas características deben ser entendidas para así cumplir la palabra de Dios en nuestras vidas.

PROFETIZAMOS EN PARTE

Primero, debemos recordar la afirmación de Pablo a los Corintios: "Porque en parte conocemos y en parte y profetizamos" (1 Co. 13:9). Así como una palabra de ciencia es solo una porción mínima del conocimiento infinito de Dios, una profecía es solo una pequeña revelación de la voluntad de Dios para nuestras vidas.

En Deuteronomio 29:29 dice: "Las cosas secretas pertenecen al señor nuestro Dios; mas las reveladas son para nosotros y para nuestros hijos para siempre, para que cumplamos todas las palabras de esta ley." Dios, solo revela lo que necesitamos saber para hacer su voluntad en el lugar y tiempo indicados. Aquellas cosas, que Él no desea que sepamos en ese momento, no las mostrará al que está profetizando. El profeta Eliseo dijo, "Jehová me ha encubierto el motivo" (2 R. 4:27).

Un buen ejemplo de la naturaleza fragmentaria de la profecía se encuentra en la promesa bíblica del Mesías.

Cada una de la profecías Mesiánicas solo daba una pequeña muestra del cuadro total del rompecabezas que declaraba la venida de Jesús; A David le fue prometido un Heredero eterno para su trono, a Isaías le habló del siervo sufrido, Daniel vio la venida victoriosa del Hijo del Hombre, pero ninguna profecía lo decía todo.

Lo mismo sucede con nuestras profecías personales. Una palabra de parte de Dios, solo tendrá una porción de la voluntad de Él para nosotros tal vez con referencia a un solo capitulo de nuestra vida, o a una actividad en particular. Algunas veces Dios nos hablará sobre nuestro ministerio principal, pero no nos informará acerca de las pruebas que tendremos y los otros ministerios que ejerceremos mientras tanto.

Este fue el caso de José. Sus sueños proféticos revelaron que él iba a gobernar sobre sus hermanos, pero no mencionaban el hecho de que él sería vendido como esclavo, sus problemas con la esposa de Potifar, o el tiempo que pasaría en prisión. Muchos años pasaron antes de que José contemplar el cuadro completo del plan de Dios para su vida. Lo mismo sucedió con Abraham, David y muchos otros.

Entender que la profecía siempre muestra solo parte de la palabra de Dios para nosotros, evita que nos desesperemos, cuando la profecía no menciona el asunto que nos preocupa. Por ejemplo, solo porque Dios no mencione algo sobre un ministerio específico no significa que nunca tendremos uno.

Al mismo tiempo, conocer la naturaleza parcial de la profecía nos enseña a no suponer que el silencio de Dios en cierta área no quiere decir que a Él le agrade. Si en nuestras vidas hemos ocultado ciertos problemas, ataduras, o desobediencia, y sí la profecía que recibimos es positiva no debemos deducir que Dios aprueba nuestro pecado. Tal vez el mejor ejemplo de este principio lo observamos en la vida de Moisés.

Moisés, recibió directamente de Dios varias palabras proféticas sobre su gran llamado a liberar tres millones de personas de la esclavitud y llevarlos a la tierra de Canaán. Después que Dios demostró con señales que Él obraría a su favor, Moisés estaba dispuesto a obedecer y comenzar su viaje de regreso a Egipto. Pero en el camino, Dios le salió al encuentro en una posada y *quiso matarlo*, por una desobediencia específica: no había circuncidado a su hijo conforme al pacto de Abraham (Ex. 4:24–26).

La extensa profecía que Dios le había dado a Moisés sobre su gran ministerio no reveló éste pecado en su vida. Pero el silencio, claramente no significa la aprobación de Dios. He visto que lo mismo les ha ocurrido a cristianos y ministros. Durante años, ellos reciben muchas profecías positivas por medio de profetas y presbiterios proféticos, pero al mismo tiempo ellos ocultaban pecados serios en sus vidas. La bondad y misericordia de Dios impedía que el pecado saliera a la luz siempre y cuando la persona estuviera en disposición y desear sinceramente ser libre de esto.

Por otra parte, algunas de estas personas eventualmente llegaron a pensar que como tenían gran éxito en su ministerio y como no se le había mencionado proféticamente nada al respecto, entonces quería decir que a Dios no le interesaba su pecado. Al instante que la persona empieza a justificarse de esa forma, Dios coloca en movimiento una serie de situaciones que anunciarán desde las azoteas lo que ha sido hecho en secreto.

LA PROFECÍA SE CUMPLE PROGRESIVAMENTE

La segunda característica de la profecía personal es que es **progresiva**. Se desarrolla y se cumple gradualmente a través de los años, a medida que cada palabra profética añade más información y revelación. Conforme los detalles de Su voluntad y dirección se acumulen, gradualmente Dios mostrará el plan completo para nuestras vidas y la forma como se cumplirá.

La vida de Abraham, es una hermosa ilustración de esta realidad. La *primera* palabra de parte del Señor, cuando tenía aproximadamente cincuenta años, sencillamente le indicó que dejara su tierra y fuera al lugar que el Señor le mostraría (Hechos 7:3). Él obedeció y salió hacia Harán con su familia, sin saber lo que Dios tenía en mente.

La *Segunda* profecía fue recibida por Abraham cuando él tenía setenta y cinco años, esta vez con instrucciones claras. La primera palabra fue reafirmada y se le dijo que debía salir de Harán continuando su viaje. Dios también le prometió que haría de él una gran nación, y que por medio de él todas las familias de la tierra serían bendecidas (Gn. 12:1-5).

Cuando Abraham llegó a Canaán, recibió la *tercera* profecía confirmando que esa era la tierra que Dios le entregaría a sus descendientes (Gn. 12:7). Más tarde, una *cuarta* profecía añadía más información diciendo que la nación de Abraham sería tan numerosa como el polvo de la tierra, y que tenía una responsabilidad inmediata en este asunto: Él debía *mirar* y *caminar* a lo largo y ancho de la tierra (Gn. 13:14-17).

La *Quinta* profecía que Abraham recibió, fue cuando tenía ochenta y tres años. En esta ocasión fue revelado el qué, cuándo, dónde, y por qué de los propósitos y planes de Dios. El Señor le dijo que no aceptaba a Eliezer como heredero de Abraham. Dios prometió que sus descendientes serían tan numerosos como las estrellas. Le habló del cautiverio de Israel y de su exilio, y como la cuarta generación regresaría a Canaán después de cuatrocientos años. Entonces Dios añadió detalles sobre los limites de la tierra y las naciones que serían desposeídas (Gn. 15:1-21).

Otra profecía que hacía referencia a Abraham la recibió Agar la sierva de Sara, por medio de un ángel. Dios le prometió que la descendencia de su hijo se multiplicaría de gran manera. Entonces Ismael nació (Gn. 16:1-16).

A la edad de noventa y nueve años, Abraham recibió la *Sexta* profecía personal que incorporaba ciertos elementos nuevos e importantes en el plan de Dios. Abraham tenía nuevos requisitos ("Sé perfecto"), un nuevo nombre (Abraham en lugar de Abram), un nuevo pacto (circuncisión), y una promoción profética (de ser el padre de una gran nación a ser padre de muchas naciones). Dios también le dijo por primera vez específicamente que Sara sería la madre de la semilla prometida veinticuatro años después de la profecía original. (Gn. 17:1–21). Cuando Abraham tenía cien años, Isaac finalmente nació (Gn. 18:1–15). El mismo año Dios le reveló Su intención con respecto a Sodoma y Gomorra (Gen. 18:16–33).

Tres años después, Dios le habló a Abraham con instrucciones claras de echar a Agar e Ismael. Dios había hecho su parte ahora Abraham tenía que hacer la suya. (Gn. 21:9–21). Abraham recibió once profecías en total y la última fue la más desafiante. Después de la *décima* profecía, los veintidós años siguientes fueron estables.

Cuando Abraham tenía ciento veinticinco años, Dios le probó ordenándole que sacrificara a su hijo Isaac. Cuando Abraham obedeció por la fe, Dios transformó su profecía personal condicional en un pacto incondicional ratificado. Abraham había pasado todas las pruebas de fe y obediencia. Por lo tanto, el Señor juró por si mismo que las profecías de Abraham se cumplirían (Gn. 22:1–18). Otra porción de la palabra de Dios se cumplió cincuenta años más tarde, cuando Abraham murió "en buena vejez" —noventa y dos años después que aquella profecía en particular fuese declarada (Gn. 15:15; 25:7–11).

Podemos ver en la vida de Abraham que muchas profecías personales pueden ser dadas por Dios durante toda una vida, a fin de entender todo su plan para la vida de una persona. Por esta razón, el tiempo es generalmente la mayor prueba de fe, para creer en nuestras profecías. Abraham y Sara, tuvieron que esperar pacientemente veinticinco años para el cumplimiento de la profecía sobre Isaac. David tuvo que esperar aproximadamente veinte años para que la promesa de su reinado se cumpliera y

José tuvo que esperar veintidós años para que sus sueños se convirtieran en realidad.

LA PROFECÍA CONDICIONAL VS. INCONDICIONAL

Basados en los ejemplos bíblicos podemos concluir que la profecía no siempre se cumple. Algunas profecías son *condicionales*, y su realización depende del comportamiento humano. Otras profecías son *incondicionales* y se cumplen independientemente cualquier otra acción.

La profecía incondicional incluye todas aquellas declaraciones divinas que son irrevocables. Ellas se cumplirán algún día, en algún momento, por algunas personas y ningún demonio en el infierno, ningún ser humano en la tierra, y ningún ángel en el cielo podrán impedir que Dios las cumpla. Normalmente, las profecías incondicionales son profecías generales y no personales, aunque pueden mencionar cierto grupo de personas, lugares y eventos específicamente. Estas se refieren al propósito general y plan final de Dios para la raza humana y para su cumplimiento dependen del comportamiento humano, sino absolutamente del poder limitado de Dios.

La interpretación profética del sueño de Nabuco-donosor por parte de Daniel es un caso típico de esta clase de profecías. El sueño predecía la caída y levanta-miento de varios imperios — el Babilónico, Medo Persa, Griego, Romano, la venida de Cristo y el Reinado de la Iglesia. Daniel profetizó que este reino tomaría control y gobernaría por siempre sobre todos los reinos de la tierra. Puesto que es una profecía incondicional sobre el plan final y propósito general de Dios en la tierra, tenemos la seguridad de que se cumplirá. Aunque venga el Anti-Cristo, los santos eventual-mente cumplirán el propósito predestinado de Dios para la Iglesia de Cristo, venciendo a los enemigos del Señor Jesús y estableciendo el reino de Dios en la tierra (Dn. 2:44; 7:18,22,28; Ap. 3:26 y 27; 11:15; 12:10–11; 17:14; 19:11–21; 20:4–6).

Profecías Incondicionales de este tipo se cumplirán, pero no necesariamente por la persona, pueblo, o generación a quien se le declaró originalmente. Por ejemplo, la profecía de Dios en el Jardín del Edén decía que la simiente de la mujer iba a herir la cabeza de la serpiente, pero esto no se cumplió por medio de Eva sino de María, miles de años después.

El último pacto profético incondicional de Dios para Abraham con respecto al ministerio futuro de su simiente también se ha cumplido, pero muchos de sus descendientes no fueron parte de su cumplimiento debido a su incredulidad y maldad. Otros, tuvieron que ser usados para que esa promesa incondicional llegara a cumplirse. Varias veces la simiente de Abraham, desde su comienzo hasta el linaje de David, estuvo a punto de ser exterminada. Pero nada pudo detener el cumplimiento de la palabra profética incondicional inspirada por Dios en determinado lugar, y tiempo por medio de un pueblo.

Los juicios proféticos incondicionales de Dios se basan en un principio muy similar. El arrepentimiento de una persona o una generación puede postergar esta clase de profecía, pero no la puede cancelar. Por ejemplo, Dios declaró proféticamente la destrucción del imperio Asirio, enviando a Jonás para que profetizara la destrucción de su capital, Nínive, en cuarenta días. Pero Ninive se arrepintió, y Dios cambió su plan, aplazando así el cumplimiento de la profecía.

El arrepentimiento y su aceptación de la profecía eran temporales, y Nínive eventualmente regresó a su maldad. Así que Dios, reactivó la profecía por medio del profeta Nahum, quien declaró la razón y la forma cómo vendría el juicio. La generación de Jonás fue librada, pero cien años más tarde, las profecías de Nahum y Jonás se cumplieron al pie de la letra.

Otro ejemplo, es la palabra profética que le fue dada al Rey Ezequías de Judá (Is. 38), por medio de Isaías, "ordena tu casa, porque morirás y no vivirás." El rey rogó fervientemente por su vida, y pidió más años. Entonces

Dios le dijo al profeta que le diera una nueva profecía a Ezequías diciéndole que su muerte sería postergada quince años. En esos años, Ezequías cometió diez atrocidades terribles y juicios recayeron Judá, y el juicio profético de todas maneras se cumplió porque Ezequías murió. Otras situaciones similares se presentaron con otros diferentes reyes, cuyo arrepentimiento solo aplazó el juicio hasta la siguiente generación.

Las profecías incondicionales que, se relacionan con el propósito general y plan universal de Dios para la humanidad pueden cumplirse a tiempo o ser aplazadas conforme a la respuesta del hombre. Nada puede impedir que Dios eventualmente cumpla el propósito profetizado y predestinado. Las profecías incondicionales pueden tener ajustes, o cambios de tiempo, pero su cumplimiento no puede ser cancelado, revocado, o detenido.

Las profecías condicionales, por otro lado, son aquellas promesas proféticas y declaraciones hechas por Dios a individuos que *pueden* cancelarse, alterarse, retractarse, o eliminarse. Estas profecías pueden que nunca se cumplan. Para que este tipo de profecía se cumpla, es necesario la participación y cooperación adecuada del que recibe la palabra profética.

Todas las profecías personales son condicionales, no interesa si las condiciones se especifican o no. La Biblia registra muchos ejemplos de este hecho, como la profecía de Dios a Moisés en Éxodo 6:6–8. En aquel tiempo, el Señor declaró siete veces "lo haré" en referencia a la liberación de Israel y la posesión de Canaán. No había términos condicionales ("lo haré...si tú haces...") mencionados en ésta profecía. Aún así la profecía fue cumplida por solo dos hombres de las seiscientas mil personas que la escucharon. La profecía fue anulada por la desobediencia de todos los demás. Así que la promesa no se hizo realidad para más de millón y medio de Israelitas (Nm. 13:26–33).

Dos ejemplos más de la Biblia, uno positivo y otro negativo. El primero demuestra que la profecía condicional depende de nuestra obediencia. En ambos casos, la palabra clave en la determinación hecha por Dios de la respuesta del hombre a la profecía era, *por cuanto*. Esa palabra indicaba claramente que nuestras acciones y actitudes correctas son condiciones requeridas para el cumplimiento de nuestra profecía personal.

Hemos visto como la profecía de Abraham era parcial y progresiva, desarrollándose y cumpliéndose durante toda su vida. Si nos concentramos en las últimas declaraciones proféticas que Dios le dio a Abraham, encontramos que él tuvo que pasar una serie de pruebas a través de los que le permitieron ver el propósito de Dios hecho totalmente en su vida. En cada momento crucial, cuando Dios requería obediencia, Abraham había respondido fielmente. Aún en su "examen final" cuando Dios le pidió que sacrificara a Isaac.

Observe cuidadosamente las palabras en la última profecía de Abraham; *"Porque ya conozco que temes a Dios.... Por mí mismo he jurado...por cuanto has hecho esto, y no me has rehusado tu hijo, en tu simiente serán benditas todas las naciones de la tierra por cuanto obedeciste a mi voz"* (Gn. 22:12,16,17,18). A causa de la obediencia de Abraham, Dios cambió una promesa condicional a una promesa irrevocable, un pacto ratificado porque juró por si mismo que se cumpliría.

La vida de Saúl nos proporciona una ilustración negativa de este mismo principio. Aunque él había sido ungido como rey por el profeta Samuel, de acuerdo con las instrucciones proféticas (1 S. 9:15–10:8), Saúl no prestó atención a la voz de Dios que le indicaba claramente, para que de esta manera pudiera seguir, y obedecer completamente sus instrucciones. La desobediencia de Saúl canceló la posibilidad profética de su posteridad.

La amonestación de Dios por medio de Samuel fue concreta: "Locamente has hecho; no guardaste el mandamiento [profecía personal] de Jehová tu Dios que él te había ordenado; pues ahora Jehová hubiera confirmado tu reino sobre Israel para siempre. Más *ahora* tu reino (posteridad) no será duradero. Jehová se ha buscado un varón conforme a su corazón, al cual Jehová ha designado para que sea príncipe sobre su pueblo, *por cuanto* tú no has guardado lo que Jehová te mandó" (1 S. 13:13-15). *Porque* Saúl desobedeció, la profecía personal fue anulada.

Samuel describió la rebelión contra la palabra profética, cómo el pecado de hechicería. Ser renuente a obedecer la palabra profética exactamente es iniquidad e idolatría (1 S. 15:23). Este pecado era tan grave que aún después de Saúl confesar y arrepentirse, pidiendo perdón, la promesa para de su descendencia fue anulada. A él se le permitió mantener su posición como rey, desempeñando su ministerio, por unos quince o veinte años más, pero el Espíritu Santo lo había dejado, y su unción real había sido transferida a David en vez de a uno de sus propios descendientes (1 S. 15:24-16:13).

Claramente, entonces, la profecía personal requiere de *fe para cumplir* y *obediencia para recibir*. El capítulo once de Hebreos menciona en reiteradas ocasiones que grandes hombres y mujeres de fe hicieron proezas grandiosas y alcanzaron sus promesas proféticas "por la fe." Pero los Israelitas que no tuvieron fe, se quedaron en el desierto (He. 3:7-19; 4-2).

Hoy, podemos aprender de su ejemplo. Cuando recibamos profecías personales, debemos recordar que lo que Dios nos dice es parcial, progresivo, y condicional. Solo si cooperamos con el Señor podemos esperar el cumplimiento de lo que nos ha sido prometido. Así que debemos examinar cuidadosamente como podemos responder correctamente a la profecía personal.

14

RESPONDIENDO CORRECTAMENTE A LA PROFECÍA PERSONAL

La actitud bíblica hacía la profecía es totalmente positiva. No solo se nos dice que evitemos menospreciar las profecías — es decir, asignarle poco valor; también se nos exhorta a que evaluemos las profecías, y retengamos todo lo bueno y acertado en ellas (1 Ts. 5:20,21). Pero aún más importante, Dios nos ordena que procuremos y deseemos de todo corazón el ministerio profético (1 Co. 12:31; 14:1,39). De hecho, este es el único ministerio que la Biblia menciona que debemos procurar.

Cuando empezamos a analizar los beneficios de la profecía personal, podemos entender porque Dios le da tanta importancia. El don de profecía y el ministerio profético en la congregación son instrumentos de edificación, exhortación y consolación (1 Co. 14:3). La unción y el ministerio del profeta van más allá: los profetas pueden dar dirección, instrucción, corrección, motivación, e impartir los dones, y pueden tratar temas más específicos de la vida de una persona, dirigiéndose a él o ella directamente. No es de extrañarnos, entonces, que la Biblia nos diga que creamos en los profetas de Dios, y seremos prosperados (2 Cr. 20:20).

Una de las mayores bendiciones de la profecía individual es permitir que los santos puedan ver a Dios en una forma más personal y real. Cuando un profeta, que nada conoce de nosotros, comienza a profetizar y las palabras emitidas nos describen y revelan exactamente nuestra situación, adquirimos un nuevo concepto de la realidad divina y su cuidado íntimo. He visto a muchas personas tan deprimidas que estaban al borde de dejar el ministerio, o más aún dejar de servir a Dios del todo. Pero cuando inicié a profetizar bajo la fuerte unción del Señor, describiendo exactamente la situación por la que ellos estaban pasando y ministrando la palabra de consolación y ánimo del Señor, ellos recibieron una nueva esperanza y gozo. Las lagrimas fluían cuando se daban cuenta que Dios en verdad les amaba, no los había abandonado y no les había fallado. A pesar de las circunstancias y apariencias, ellos tenían ahora la certeza de que todas las cosas iban a obrar para su bien.

LA PROFECÍA PRODUCE EL FRUTO DEL ESPÍRITU – (Ga. 5:22)

El fruto del Espíritu se produce por intermedio del ministerio profético, especialmente a través del ministerio del profeta y la profecía personal. Esta fortalece *la fe*, hace que él *amor* de Dios sea más real, e imparte *paz* en lugares donde antes había gran ansiedad y temor. También da una visión de lo que Dios desea hacer en nuestras vidas, activando *la esperanza*, la que hace que ya no tengamos más vergüenza.

La unción profética, imparte *gracia y paciencia para tener la persistencia y entereza necesarias* hasta que la palabra de Dios sea cumplida en nuestras vidas. Las promesas proféticas individuales del Señor sobre alguna intervención sobrenatural nos hacen rebosar de gozo, viendo la *bondad* de Dios. La presencia de Dios y la palabra del Señor nos convencen de cualquier rebelión, pecado, o murmuración. De esta manera, la bondad de Dios nos lleva al *arrepentimiento*, y las palabras de sabiduría, consejería e instrucción divina dan equilibrio a nuestras vidas, capacitándonos para que tengamos dominio propio.

Inclusive una profecía personal sobre un ministerio brillante con grandes señales y prodigios, si es verdaderamente ungida por Dios y recibida por alguien que está preparado adecuadamente no producirá orgullo carnal. Al contrario, ésta palabra nos hará reconocer humildemente la obra de Dios en nosotros, produciendo así una *mansedumbre* genuina. De todas estas maneras, la profecía personal puede ayudarnos a cultivar el fruto del Espíritu en nuestras vidas.

JUZGAR LA PROFECÍA VS JUZGAR AL PROFETA

El Espíritu Santo, no el predicador o el profeta, tiene la misión y responsabilidad de convencer de pecado y justicia. Pero ambos, el profeta y el predicador tienen la responsabilidad de decir la verdad con amor. Esta cualidad en especial es muy importante para el profeta; porque el ministerio del predicador es visto normalmente como alguien que habla sobre Dios o a favor de Dios, pero las palabras del profeta se entienden como Dios mismo hablando por medio de él.

En consecuencia, el carácter y la naturaleza de Dios sufren mucho más desprestigio cuando una persona profetiza "Así dice el Señor", con una mala actitud, que cuando alguien predica con un espíritu desagradable. Las acciones o actitudes de alguien que está profetizando, sin reflejar a Cristo, hacen más difícil aceptar que la palabra profética provenga del Señor.

Aunque ahora entendemos la importancia de profetizar con amor, debemos, de todas formas, aprender a diferenciar entre lo que es juzgar la profecía y juzgar al profeta, si queremos responder correctamente a la palabra de Dios. Nosotros *juzgamos* la profecía teniendo en cuenta el contexto de las palabras para determinar si son ciertas o falsas. Juzgamos al *profeta* como persona, por su calidad de vida, para conocer si él es un profeta verdadero o falso.

La diferencia es evidente cuando observamos el caso de un profeta falso que profetizó una palabra verdadera. Balaam fue esa persona. Él dio profecías ciertas de parte de Dios, y de hecho pronunció la única profecía Mesiánica en el libro de Números. Pero él no era un hombre recto en sus caminos.

A este profeta lo podemos juzgar a través de lo que llamo las "Diez M's": Masculinidad, ministerio, mensaje, madurez, matrimonio, métodos, modales, manejo de dinero, moralidad y motivación. Aunque no podemos estudiar aquí cada uno de estos términos, podemos notar que muy pocos profetas o ministros tienen todas estas áreas de su vida en completo orden y desarrollo. Pero cuando una de ellas está totalmente fuera de orden, un cristiano sensible no recibirá el testimonio pleno del Espíritu sobre el ministerio del profeta.

Cuando esto sucede, es importante no permitir que los problemas personales del profeta nos roben la palabra verdadera con la cual Dios desea bendecirnos. Si hay una confirmación en nuestro espíritu de lo que se dice, Dios nos puede estar dando una palabra verdadera por medio del profeta, aunque él mismo tenga dificultades en cierta área de su vida personal.

LA INFALIBILIDAD Y LOS PROFETAS FALSOS

De igual manera, no debemos apresurarnos a concluir que alguien es un profeta falso simplemente porque fue inexacto o expresó algo que aparentemente no se aplicaba a nosotros. La persona que profetiza puede que sea sincera, justa y correcta, pero inmadura al profetizar. Quizás malinterpretó lo que el Señor estaba diciendo.

En este caso podríamos decir que él dio una palabra equivocada o profecía falsa, pero realmente no podemos catalogarlo como un profeta falso a menos que constatemos que *esa persona, en sí,* es engañosa. Equivocarse algunas veces no indica que el profeta sea falso. Ningún profeta humano es infalible; todos pueden cometer errores.

Los profetas, generalmente, tienen un gran dilema. Si dicen que son infalibles, entonces serán tratados como herejes. Pero tan pronto demuestran su falibilidad al equivocarse, entonces reciben el calificativo de profetas falsos.

Debemos recordar que, después de todo, somos mortales y los ministerios son falibles. Jesús fue y siempre será el único hombre infalible; él representaba perfectamente al Padre en palabra y obra las veinticuatro horas al día. A Él le fue dada, sin medida, la plenitud del Espíritu. Todas Sus enseñanzas, consejos, y profecías estaban en perfecta armonía con el Cielo y en Él habitaba la plenitud de todos los ministerios en la Iglesia.

Cuando Jesús ascendió al cielo, él distribuyó Sus habilidades en cinco categorías de dones para la Iglesia: "Subiendo a lo alto...dio dones a los hombres...constituyó a unos apóstoles; a otros, profetas, a otros, evangelistas; a otros, pastores y maestros." A cada uno le fue dada la gracia (capacidad divina inmerecida) "conforme a la medida del don de Cristo" (Ef. 4: 7, 8,11).

Estos cinco dones son una extensión del ministerio de Cristo para la Iglesia. Todos los cinco ministerios son falibles, aunque Cristo mismo no lo es. No importa el título, la posición o los años de experiencia, ningún ministro alcanzará ese nivel de infalibilidad. Todos, en alguna ocasión, hemos errado al intentar ministrar la mente santa de Cristo en nuestra predicación, enseñanza, consejería y ministerio profético.

Por esta razón, todos los ministros y profetas deben estar dispuestos a reconocer que son falibles. Si el consejo del pastor, la profecía del profeta, o la palabra de ciencia de un santo, resulta ser inaplicable, impracticable, inexacta, o indescifrable para la persona que la recibe, entonces el portador de la palabra debe estar dispuesto a reconocer que él o ella, claramente, se equivocaron, o por lo menos que no pudieron interpretar y aplicar correctamente las impresiones recibidas del Espíritu Santo.

EL PROFETA FALSO VS LA PROFECÍA FALSA

El profeta que se equivoca ocasionalmente en sus profecías, puede que sea ignorante, inmaduro, presuntuoso, o quizás ministre con mucho celo pero muy poca sabiduría y unción. Esto no le convierte en un profeta falso. Si estuviéramos en la posición de juzgar a los profetas verdaderos y los profetas falsos solamente por la exactitud de las palabras que ellos pronuncian, tendríamos que decir, que cada vez que alguien da una palabra acertada, esta persona es un profeta verdadero, y cada vez que se equivoca entonces es un profeta falso. Esto significaría que un profeta que ministre a veinte personas en una reunión, declarando palabras ciertas a unos y a otros no, ¡cambiaría de ser profeta verdadero a uno falso varias veces durante la misma reunión! Sin embargo, un profeta no cambia su condición porque haya cometido errores al dar una profecía, al igual que un cristiano no cambia su condición de salvo a no salvo, cada vez que comete un error en su caminar con el Señor.

Es muy posible que un verdadero profeta se equivoque. Él no lo haría a propósito, porque un verdadero profeta sabe que es mejor nunca decir nada, que declarar una palabra falsa o dar instrucciones erróneas a una persona. Por lo tanto, debemos entender la diferencia entre una profecía falsa y un profeta falso, si estamos dispuestos a oír lo que Dios quiere decirnos. Una de las maneras más rápidas de buscar problemas con Dios es acusar falsamente a uno de los profetas verdaderos de Cristo. Cuando hacemos esto, estamos tocando el mismo nervio del cielo, y seguramente recibiremos una respuesta negativa. Dios dice en su palabra, "no hagáis mal a mis profetas" (1 Cr. 16:22).

MÁS PROFETAS VERDADEROS QUE PROFETAS FALSOS

En mis treinta y cinco años de experiencia con profetas y la profecía personal, he conocido solo a dos ministros que públicamente les llamaría profetas falsos, aunque ellos dirían que no eran profetas. (Estoy hablando aquí de personas en la Iglesia, no de representantes de doctrinas falsas o grupos no cristianos). He conocido a cientos de mujeres predicadoras que profetizan, pero solo he conocido a una que llamaría profetisa falsa.

Esta mujer, en particular, es un buen ejemplo de lo que puede ser un profeta falso. Ella era lo que yo consideraría una "bruja carismática": una persona que profesa haber nacido de nuevo, habla en lenguas, y conoce la esencia de la doctrina carismática — pero utiliza sus "profecías" para manipular personas hacia sus propósitos egoístas. Esta señora decía "así dice el Señor," y entonces daba palabras para controlar a otros a su alrededor. Ella y su esposo tenían como veinte personas, jóvenes, que realmente amaban al Señor y pensaban que estaban haciendo la obra y voluntad de Dios. Pero ellos solo eran títeres controlados por esta mujer.

HECHICERÍA CARISMÁTICA – MANIPULACIÓN PROFÉTICA

Samuel afirmó que, cuando alguien utiliza la profecía para su propio beneficio, esa persona es culpable del pecado de hechicería (1 S. 15:22–23). Cuando cualquiera usa la oración o la profecía para controlar a otros conforme a su propia voluntad y no la voluntad de Dios, ellos son culpables del espíritu o pecado de hechicería, de acuerdo con las normas bíblicas. Dios no contesta tales oraciones o confirma esas profecías, pero el diablo puede usar las palabras de la oración o declaración como dardos de fuego para contrariar y oprimir a los verdaderos hijos de Dios.

Si se encuentra en una situación en la que alguien está orando o profetizando de esta forma con el propósito de controlarlo, no responda tímidamente. Por el contrario, ore de la siguiente manera: "Padre, en el nombre de Jesús rechazo lo que sea que estén orando o profetizando en mi contra." Usted puede neutralizar cualquier palabra negativa que haya sido declarada en contra suya, practicando los principios del Nuevo Testamento descritos en Mateo 5:44; Lucas 6:28; Romanos 12:14; 1 Corintios 4:12.

A pesar de los encuentros ocasionales con profetas falsos, no debemos permitir que lo falso nos impida aceptar lo legítimo. No puede haber falsificación de dinero a menos que haya dinero legalmente expedido por el gobierno. No pueden existir profetas y profecías falsas a menos que haya profetas y profecías legítimamente ordenadas por Dios. Averigüe sobre los profetas genuinos y reciba los beneficios de las profecías personales verdaderas. El porcentaje de profetas falsos es mucho más bajo de lo que el diablo quisiera que creyéramos. De las seiscientas páginas de profecías personales que he recibido a través de los años, solamente dos eran absolutamente falsas, y quizás era la opinión de la persona más no la palabra de Dios para mí. Por lo tanto, estoy más que dispuesto a tolerar ese pequeño porcentaje de las que son erradas, a fin de recibir la inmensa mayoría de profecías que son inspiradas por Dios. No debemos permitir que algunas experiencias negativas con lo profético nos hagan entristecer al Espíritu Santo y pecar contra el mandamiento de la Escritura que dice "no menospreciéis las profecías."

15

DECISIONES IMPORTANTES
Y TRASLADOS

A través de toda la Biblia, los profetas y la profecía personal han tenido un papel importante en las decisiones y actividades del pueblo de Dios. La decisión de los hijos de Israel de realizar el extenso traslado de Egipto a Canaán, fue hecha basada en la profecía personal del profeta Moisés a ellos. También, la Biblia registra que algunas personas hicieron decisiones, supuestamente, basadas en la profecía personal que terminaron en tragedia, porque no había sido una verdadera palabra del Señor (1 R. 22:6).

Por esta razón, todas las instrucciones sobre la profecía personal deben ser estudiadas antes de actuar para: comprar, vender, trasladarse, o tomar decisiones demasiado importantes. Debemos incorporar todos los principios de los "tres pasos" de la Palabra, la Voluntad y el Camino. De especial importancia, son las cinco o seis formas de conocer y confirmar la voluntad de Dios sobre determinado asunto, y las tantas cosas que deben suceder antes de que el Camino sea revelado. Nunca debemos tomar una decisión final hasta que la Voluntad y el Camino sean confirmados completamente.

CRISTIANOS "ESPIRITUALMENTE ENIGMÁTICOS"

Los cristianos deben ser guiados por el Espíritu Santo, inspirados, motivados, e instruidos por palabras rhema y la profecía personal. Pero esto no elimina la necesidad de vivir y funcionar como seremos humanos normales. Ser dirigidos por el Espíritu y participar de la profecía personal no quiere decir que nos convertimos en "enigmas espirituales." Es decir, no debemos hacer "que nuestra mente esté siempre en los cielos y nunca en la tierra", actuando con más celo que sabiduría. Debemos evitar ser súper sensacionalistas o "carismaniáticos", desequilibrados en el conocimiento de las Escrituras, espiritualmente inmaduros, y emocionalmente inestables.

Debemos recordar que los profetas, la profecía personal, y los dones del Espíritu Santo no hacen que los santos se conviertan en "enigmas espirituales," ellos solo revelan lo que son. La lluvia no produce maleza; solo hace que lo que está en la tierra crezca. La presión sobre un objeto no produce las debilidades, solo las evidencia.

ESPIRITUALMENTE ENIGMÁTICOS — QUIÉN, CÓMO Y QUÉ

El Instituto bíblico al que asistí años atrás formó a varios que eran "espiritualmente enigmáticos." Un profeta que vino una vez, nos dijo que Dios le había dicho que profetizara a las personas que tuvieran ropa de cierto color y estilo. Otro vino y dijo que Dios le había mostrado que él debía ministrarle a aquellos que habían ayunado el desayuno. Después de estas experiencias proféticas, algunos de los estudiantes creían que debían recibir una palabra de parte del Señor sobre el estilo y color de ropa que debían usar cada día. Ellos tenían que recibir una palabra para saber que alimentos comer, si debían ir a trabajar o no, y así sucesivamente.

Los "espiritualmente enigmáticos" llegan a creer que necesitan una rhema especial de parte del Señor, aún para hacer las actividades más cotidianas y normales, que deben ser realizadas por el sentido común que Dios programó en el alma humana. El conocimiento sobrenatural, solo se necesita y es dado por Dios cuando el conocimiento y la capacidad natural son insuficientes. Dios no creó robots, al contrario, él creó seres humanos a su imagen y semejanza con una mente y voluntad para pensar y actuar. La mayor parte de la vida cristiana puede vivirse en armonía con la voluntad de Dios al seguir la Biblia y ejerciendo la habilidad y el sentido común natural que Él nos ha dado.

Los "espiritualmente enigmáticos", también, son aquellos que piensan que tienen que sentir ciertas vibraciones, manifestaciones y emociones en su cuerpo para poder estar "en el espíritu". Ellos se vuelven misteriosos o parecieran estar en otro mundo. Es verdad que los psíquicos y los espiritistas deben concentrarse, meditar, y proyectar sus energías en un trance mental y emocional para que de esta manera puedan dar y recibir conocimiento sobrenatural sobre las personas y cosas. Pero esto no es necesario para los Cristianos, quienes tienen la mente de Cristo. Nuestra fe proviene del Espíritu, y no de una operación psíquicoemocional.

En mis primeros años como cristiano, estuve entre los Pentecostales tradicionales, y la actitud general entre ellos era que para "estar en el espíritu" uno tenía que demostrar cierta emotividad. Sí uno podía controlar lo que estaba haciendo, entonces lo que sentía no era de Dios. Algunos de estos cristianos bautizados en el espíritu y muy sinceros, se convertían en "enigmas espirituales" cuando sentían la presencia de Dios, alababan al Señor, o ejercitaban los dones del Espíritu Santo. No estoy hablando aquí de las manifestaciones que pueden acompañar un mover soberano de Dios en un servicio. Me refiero a las actitudes y acciones que se han convertido en hábitos, y que algunas personas esperan como confirmación de la unción de Dios y su propia espiritualidad. No tenemos porque convertirnos en "enigmas espirituales" para manifestar un don sobrenatural o el poder de Dios y su presencia, o para vivir y caminar en el Espíritu.

LA PALABRA RHEMA PRECISA PARA TOMAR DECISIONES IMPORTANTES

Muchos testimonios se podrían relatar de palabras proféticas que fueron anunciadas directamente por Dios, profetas, o el presbiterio profético, que hablaban de decisiones importantes, traslados, o compra y venta de algo. Un incidente semejante les ocurrió a unos amigos nuestros muy cercanos. Ellos habían llegado al Parque Nacional de Yellowstone, y habían pasado varias horas arreglando su campamento, pero tan pronto estuvieron listos para ir a dormir, la esposa comenzó a tener una sensación extraña en su estómago, y comenzó a oír las palabras "empaca y sal de aquí esta misma noche." Ellos oraron sobre esto, pero el sentir y las palabras se hicieron más fuertes.

El esposo se dio cuenta que de todas formas ellos no iban a poder descansar, si su esposa continuaba sintiéndose así. Además, él estaba comenzando a sentir lo mismo. Así que empacaron todo y cerca de la medianoche llegaron a otro campamento. Esa noche, hubo un gran deslizamiento que acabó enterrando aquel campamento bajo varios metros de rocas y lodo. Sus vidas habían dependido del obedecer la palabra rhema, obviando el razonamiento humano, y trasladándose a otro lugar.

LA PROFECÍA PERSONAL REVELA EL LUGAR DE DIOS Y SU PROPÓSITO

En cierta ocasión, mientras estaba en una Iglesia en el estado de Indiana, profeticé sobre varias personas. La palabra profética le mencionaba a un hermano que el traslado que él planeaba hacer no debía realizarse. No lo conocía, ni sabía que él estaba haciendo preparativos para mudarse la siguiente semana a Chicago. Su pastor ya le había aconsejado expresándole que no creía que era la voluntad de Dios que se mudara. De modo que basado en estas palabras, él no se trasladó.

Poco después, el mismo hermano tuvo la oportunidad de trasladar su trabajo a California. Él me llamó unos meses más tarde, solicitándome una palabra del Señor para saber que debía hacer, porque nada andaba bien con su familia o trabajo. Le pregunte si había escrito la profecía que le había dado en la Iglesia de Indiana. Él lo había hecho. Así que me la leyó por teléfono.

La tercera página de la profecía tenía estos pensamientos: "Aquí es donde echarás raíces, florecerás, y serás productivo...no te vayas debido a la presión...sí te vas, tendrás que regresar al lugar de donde salisteis... porque este es el lugar donde deseo que crezcas, madures, y ministres para mí." Le dije, "Hermano, parece que usted no tiene otra alternativa sino volver a Indiana, si desea la bendición de estar en la voluntad de Dios."

Si recibimos una palabra profética de un profeta experimentado, y si el pastor da testimonio de ello, debemos considerar seriamente y obedecer lo que el profeta dice y el pastor aconseja. *La obediencia es mejor que los sacrificios* (1 S. 15:22).

16

Guías Sobre Como Usar la Profecía Personal

Ciertas respuestas como nuestra actitud y nuestras acciones son necesarias para que podamos recibir los beneficios máximos de una profecía personal. Cuando una profecía personal es una palabra rhema verdadera de parte del Señor, los principios bíblicos apropiados deben ser puestos en práctica para que esta sea eficaz y productiva. Si recibimos una promesa de parte del Logos o del rhema, la misma respuesta por parte de nosotros es requerida para que de esta manera podamos obtener lo que se ha prometido.

Los siguientes principios a mencionar deben ser usados especialmente cuando una profecía personal ha sido declarada por medio de un profeta o presbiterio profético, pero también puede ser aplicada a cualquier de las otras formas como Dios comunica Sus pensamientos a un individuo.

GRABE, LEA Y MEDITE EN SU PROFECÍA PERSONAL

El apóstol Pablo le dijo a Timoteo: "No descuides el don que hay en ti, que **te fue dado mediante profecía,** con la imposición de manos del presbiterio. Practica estas cosas. Ocúpate en ellas, para que tu aprovechamiento sea manifiesto a todos." (1Ti. 4:14,15). En ésta porción Pablo le recordaba a Timoteo que él había recibido un don por medio de la profecía cuando el presbiterio profético le había ministrado. Además de decirle que no descuidara el don que había en él, Pablo también le dijo que meditará sobre sus profecías personales para que todo lo que había sido declarado, se manifestara y fuera de provecho para todo el cuerpo de Cristo.

Esto nos hace preguntar. ¿Cómo podría Timoteo meditar en las palabras que habían sido declaradas a menos que él las hubiera escrito para poder leerlas otra vez? Y ¿Cómo podemos meditar sobre nuestras profecías personales a menos que las hayamos grabado?

Muchas de las profecías que recibí en los años 50 y los 60 no se pudieron grabar en cintas magnetofónicas, debido a que en esa época estos equipos de sonido no eran muy accesibles, así que todo lo que teníamos disponibles eran unos carretes grandes, de modo que las palabras eran grabadas dos veces. Primero, en un carrete de alambre de siete pulgadas, y después en otro carrete de siete pulgadas. Finalmente eran escritas a mano y luego pasadas a máquina.

Los Inventos Modernos para los Ministerios Nuevos. No fue sino hasta a mediados de los años 60 cuando las grabadoras pudieron ser usadas con mucha más facilidad. Así como Dios permitió la invención de la imprenta a finales del siglo xv para diseminar las verdades de la reforma, creo que también él permitió que la grabadora fuera diseñada para proveer un medio rápido y fácil de grabar sonido para la restauración del ministerio profético. Actualmente, estamos agradecidos por la facilidad con que podemos disponer del equipo de grabación, y debemos siempre hacer uso de él para grabar la profecía personal.

Una palabra de parte de Dios que es declarada pero que no es grabada o escrita pierde su valor, porque los detalles importantes pronto son olvidados. La mente solo puede recordar un poco de las palabras exactas de una profecía, especialmente si ésta es extensa. Sé esto por experiencia personal; de las miles de palabras que fueron declaradas sobre mí proféticamente pero que nunca fueron grabadas, solo puedo recordar dos o tres frases. Simplemente no podemos esperar responder apropiadamente a la profecía personal a menos que todas las palabras sean grabadas, leídas, y entendidas claramente.

Preparación Adecuada para la Profecía Personal. Por ésta razón, debemos observar el siguiente procedimiento para grabar las profecías personales. Primero, si es del todo posible, debe haber una preparación adecuada del equipo de sonido que grabará las profecías. Cuando el presbiterio profético experimentado está ministrando, ellos generalmente habrán hecho los preparativos para grabar todo.

Si alguien se acerca diciéndonos que tienen que tienen una palabra de parte de Dios, normalmente le pedimos que espere hasta que podamos tener acceso a una grabadora, o vamos a un lugar donde podamos usar el equipo de grabación. Si no es posible obtener estos equipos, entonces le pedimos a la persona que escriba la palabra para que de esta manera podamos recordarla y extractar de ella todos los beneficios. Esto requiere un poco más de trabajo pero el verdadero siervo o sierva de Dios, accederá a la petición sin ofenderse o sin resentirse.

Si la palabra es dada por un profeta desde la plataforma o por medio de alguien que está fluyendo con el don de profecía, debemos escribir todo lo que podamos recordar, siempre tratando de obtener los puntos importantes. He tenido que grabar varias profecías de esta manera, y aún cuando las palabras exactas se hayan perdido, el pensamiento general ha sido preservado y comparado con otras profecías que he recibido.

La Grabación Provee Comparación y Confirmación. Después de haber grabado varias profecías y después de haberlas comparado, nos damos cuenta que las mismas ideas y palabras son evidentes en las declaraciones de personas diferentes que no tenían conocimiento de lo que se había dicho anteriormente. Esta armonía profética nos ayuda a que nos demos cuenta que estas realmente son las palabras del Señor, porque están siendo confirmadas en la boca de varios testigos.

En la Biblia, cuando Dios quería enfatizar un punto, Él inspiraba a los escritores a usar las misma palabras y frases varias veces. Lo mismo es verdad cuando inspira a un profeta para que nos dé una palabra personal. Las ideas que contienen el énfasis serán repetidas varias veces en la profecía, y el Espíritu Santo hará que otros profeticen las mismas ideas en otros lugares y en otros momentos. Esto es importante especialmente cuando tenemos que tomar decisiones importantes basados en la profecía, ya que es mejor decidir sobre estos asuntos solamente bajo la autoridad de varias confirmaciones.

Dos Razones para Grabar. En mi ministerio insisto que toda profecía personal sea grabada, por dos razones. La primera es la que he mencionado: para el beneficio de la persona que esta recibiendo la profecía. Mucho de lo que se ha dicho, aún cuando sea recordado por varios días, no tendrá mucho sentido sino hasta meses o años después. De la misma manera, las únicas cosas que recordamos cuando se esta declarando una profecía son aquellas cosas que son relevantes a nuestra situación actual. Cuando leemos la profecía de nuevo durante el último capítulo de nuestra vida, usualmente nos damos cuenta de detalles que no recordamos habían sido declarados. El dar a alguien una profecía extensa, sin grabarla puede ser una perdida de tiempo para todas las personas involucradas. Todo el beneficio que recibirá será la impartición espiritual y el desafió dado por el profeta.

La Segunda razón por la cuál insisto que todas las profecías sean grabadas, es para la protección personal del profeta. Algunas personas tienen una manera de malinterpretar, tergiversar e interpretar de manera diferente, lo que oyen o lo que creen que escucharon en la profecía, de tal manera, que lo que recuerdan lo aplican de acuerdo al deseo egoísta de ellos y no conforme a la voluntad de Dios.

Una Experiencia de la Vida. Un buen ejemplo de este problema viene de una experiencia que tuve cuando estuve ministrando en una Iglesia de pastor soltero. En esa oportunidad le profeticé a una joven soltera que era miembro de esa congregación, quien después de varias semanas le habló a mi nuera diciéndole, "¿sabía que el Dr. Hamon me profetizó que me casaría con mi pastor?" Jane cuestionó este comentario y le preguntó a la joven si había escrito la profecía. Ella respondió afirmativamente y se la mostró a Jane. La profecía decía: "Dios te dará los deseos de tu corazón." ¡Claramente el deseo de esta joven era el de casarse con su pastor!. Jane la aconsejó y le dijo que no asumiera que se casaría con él. Si la profecía no hubiera sido escrita, convencer a esta hermana de lo contrario hubiera sido muy difícil.

La Primera Interpretación No Siempre es la Aplicación Verdadera. Otra ventaja de grabar, escribir y meditar en la profecía personal es que nos revela la posibilidad de que la palabra tenga más de una interpretación. Muchas veces la forma como entendemos la palabra inicialmente no es la más apropiada o real. En una ocasión, visité a un ministro para que me diera una palabra profética en lo concerniente a una necesidad financiera que tenía y era muy urgente. En esa época, me había atrasado dos días en el pago de una deuda de cuarenta mil dólares. La profecía que recibí, decía, "supliré tu necesidad, porque negarte a ti sería negarme a mí mismo."

Salí de allí confesando que el Señor había suplido mi necesidad, pero no fue así. Más tarde le pregunté al Señor al Señor porque Él no había cumplido su promesa. El Señor respondió: "Sí lo hice. Te di la provisión que te prometí por medio de mi siervo. Creías que tu mayor necesidad era ese pago, pero yo vi una necesidad mayor que el dinero y he cumplido fielmente." Entonces el Señor iluminó mi mente para que yo pudiera entender la gran provisión que Dios me había dado esa noche. A la luz de este ejemplo, siempre debemos repasar las profecías ya sea con el pastor o un anciano de la Iglesia que crean y entiendan la profecía personal. Esta persona puede ayudarnos para asegurarnos que no estemos cambiando el mensaje o malinterpretando la profecía.

Otra Razón Para Grabar la Profecía es que no debemos tomar decisiones importantes o llegar a conclusiones rápidas basadas en la palabra profética, mientras se le esta ministrando. Cuando recibimos una palabra profética, es mejor escuchar atentamente y en una actitud de oración, sin llegar a conclusiones antes de haber tenido la oportunidad de transcribirla. En el momento de recibir la ministración, debemos mantenernos atentos a nuestro espíritu dando testimonio acerca del espíritu de la otra persona que está profetizando y de la inspiración y la motivación divina, en lugar de estar juzgando y evaluando la profecía en ese instante. Algunas condiciones como nuestro estado emocional, mental y la postura física, pueden ser barreras que impiden evaluar la profecía correctamente.

DANDO TESTIMONIO DE LA PROFECÍA

¿Cómo damos testimonio en nuestro espíritu acerca de la veracidad de la palabra profética? De la misma manera que damos testimonio de que somos hijos de Dios: El Espíritu mismo da testimonio a nuestro espíritu ..." (Ro. 8:16). La forma como *probamos* la profecía es mediante principios bíblicos y usando el criterio adecuado de como juzgar palabras proféticas, pero principalmente damos testimonio de la profecía con nuestro *espíritu.*

Algunas veces le he escuchado a algunos decir, "no sentí el testimonio del espíritu en esa palabra." Pero después de interrogarles, entendí que algunos de ellos querían expresar que la profecía no se acomodaba a su teología, y otros que no les había gustado lo que se les había dicho, o que sus emociones reaccionaron en forma negativa a lo profetizado. Ellos fallan en entender y en comprender que no testificamos con nuestra mente carnal, las emociones o la voluntad, o conforme a nuestra propia opinión, deseos u objetivos.

Discerniendo ente el Alma y el Espíritu. Para poder dar testimonio acerca de una palabra profética, debemos tener la capacidad de discernir entre el alma y el espíritu. El *ámbito espiritual* del hombre es el lugar donde el amor divino y la fe operan; el alma contiene, nuestras emociones, voluntad, imaginación y deseos; nuestra carne contiene los cinco sentidos, aún incluyendo nuestros sentimientos.

Nuestro razonamiento esta en la mente, no en el espíritu. Debido a esto, nuestras tradiciones, creencias y opiniones, no deben ser usadas como base para aceptar la verdad profética. En realidad, estas facultades con frecuencia traen, duda, confusión, resentimiento, rechazo y rebelión en contra de la verdadera profecía personal. Algunas veces nuestra mente dice "No" mientras que nuestro corazón nos dice "Prosigue". Nuestra alma puede decir, "No entiendo", mientras que nuestro espíritu dice; "está bien, no te apoyes en tu propia sabiduría."

El testimonio del Espíritu vs. Creencia Personal. Como ejemplo, consideremos que sucedería si un católico devoto, recibiera una profecía diciéndole que no debería adorar a María. Probablemente no estaría de acuerdo, debido a su tradición y a su devoción a la Virgen María. Asimismo, si se le profetizara el bautismo en agua por inmersión a un presbiteriano o el hablar en lenguas a un bautista tradicional usted probablemente recibiría la misma reacción.

El desafío que enfrentamos actualmente es que la mayoría de personas no saben discernir entre las reacciones negativas del alma y la ausencia del testimonio del espíritu hacía algo. La reacción del espíritu se origina en lo más profundo de nuestro ser. Muchos cristianos describen la manifestación física, con la sensación correspondiente como un sentir en la boca del estómago o en la parte baja del pecho. Una reacción negativa del espíritu con un mensaje de "No," "tenga cuidado," o "Algo está mal." usualmente se manifiesta con una sensación de nerviosismo, de intranquilidad, o en un sentir inexpresable de que algo no está bien.

Este sentir solo puede ser confiable, cuando estamos más sintonizados con nuestro espíritu que con nuestros pensamientos. Si nuestra mente está causando estas sensaciones, entonces puede ser que estemos teniendo una reacción del alma en lugar del testimonio negativo del Espíritu.

Cuando el Espíritu de Dios da testimonio positivo a nuestro espíritu de que la palabra profética es acertada, que proviene de Dios, y que está de acuerdo al propósito divino y a su voluntad, entonces nuestro espíritu reflejará el fruto del Espíritu Santo. Habrá una profunda paz, un gozo, un sentimiento amoroso, cálido y aun un sentir de nuestro espíritu saltando de alegría. Está sensación positiva es la confirmación de que el Espíritu Santo está dando testimonio a nuestro espíritu de que todo está en orden, aunque en ese instante no entendamos todo lo que se nos dice, o nuestra alma no pueda captar inmediatamente todo lo que se ha declarado.

No Tome Acción sino Tiene El Testimonio. Si no hay ninguna reacción o sensación en su espíritu, y solo un sentir neutral, entonces debe "esperar y ver". Si el Espíritu está diciendo, "No hay razón por la cual emocionarse, o no hay nada de que preocuparse." El tiempo dirá, así que debemos confiar y obedecer, creer, desear y hacer todo lo que sabemos debemos hacer. Si la profecía es de Dios, se cumplirá y de esta manera llevaremos a cabo la voluntad de Dios.

Revelación Nueva vs. Confirmación. Debemos anotar otro principio importante acerca de la forma como atestiguamos a la palabra profética, es entendiendo el concepto de lo que es *una revelación nueva* y lo que es *la confirmación* de una palabra profética.

Desafortunadamente, algunos por alguna razón conocida solo por ellos comenzaron a enseñar que la profecía sólo es usada para confirmar. En su contenido actual, ésta enseñanza sugiere que debemos rechazar todas aquellas profecías personales que presentan una idea totalmente nueva. Está enseñanza añade que Dios solamente habla proféticamente acerca de cosas que ya hemos sentido en nuestro espíritu, y que esto es solamente la confirmación. Esto es lo ideal pero no es lo que sucede.

Sin duda es más fácil recibir y dar testimonio de la profecía inmediatamente, cuando ésta es una confirmación de algo que la persona que está recibiendo la profecía ya ha considerado anteriormente. Pero creo que nos engañamos cuando insistimos en que Dios nunca le diría a un profeta que nos declare algo a menos que Él nos lo haya dicho primero. En realidad, creo que al pensar de esta manera, estamos exaltando nuestro ego, diciendo que Dios siempre tiene que hablarnos a nosotros personalmente, antes de que nos pueda hablar por medio de otra persona. Esta creencia no tiene base bíblica.

Los Profetas Hablan de Eventos que Nunca Antes Habían sido Percibidos Por la Persona a Quien Se le Profetizaba. Permítame darle algunas ilustraciones bíblicas resaltando que un profeta *si* puede declararle algo nuevo de parte de Dios a una persona, la cual nunca antes lo hubiera pensado o dado alguna consideración. Por ejemplo, *David*, el joven pastor de ovejas, fue ungido por Samuel con una profecía de que él se convertiría en rey. En ningún lugar encontramos evidencia de que éste joven había soñado con gobernar a Israel.

Observemos, también que *Eliseo* era un agricultor sin planes de entrar en el ministerio hasta que Elías el profeta le reveló que él sería un profeta. *Jehú* no tenia idea de que algún día sería rey de Israel hasta que Elías se lo declaró. No tenemos indicación de que *Hazael* había pensado en ser rey de Siria hasta que Eliseo lo profetizó. *Pablo* recibió su primera revelación de que sería un Apóstol a los gentiles no de parte de Jesús en el camino a Damasco, ni tampoco de parte de la voz interna del Espíritu Santo, sino por Ananías, cuando este le profetizó la palabra del Señor y le ministró sanidad.

No podemos rechazar la palabra del profeta o considerarla incorrecta simplemente porque no hayamos considerado la posibilidad de hacer aquello que se está profetizando. Dios usa a los profetas para expresar verdades nuevas, no solamente a la iglesia sino también a individuos. Debemos examinar a fondo toda palabra profética antes de rechazarla.

Ilustración Actual. Una vez le di una palabra profética a un hermano que trabaja en la industria del petróleo. Le dije que él iba a comenzar una cadena de restaurantes. En esa época él ni siquiera le había dado consideración a otras posibilidades, así que permaneció en ese campo de trabajo por otros cuatro años y se olvidó de la profecía. Cuando su negocio en el campo del petróleo fracasó, una oportunidad para entrar en el negocio de restaurantes se abrió y ahora está a punto de inaugurar su tercer local en esa cadena de restaurantes.

Cuando recibimos ideas nuevas en la profecía, debemos permanecer abiertos a esta, debemos escribirla, considerarlas y orar sobre ellas. Debemos esperar, y ver lo que sucede, debemos ser accesibles, fácil de enseñar y divinamente flexibles. Cuando Dios abre las puertas de oportunidad en el área indicada, ya sabremos que es de Él porque ya tenemos confirmación. La confirmación profética muchas veces llega antes de que nos demos cuenta de que la necesitamos.

PELEE LA BUENA BATALLA CON SU PROFECÍA

Pablo le dijo a Timoteo que debía hacer más que meditar sobre las profecías; él le dijo que las utilizara para batallar: "Este mandamiento, hijo Timoteo, te encargo, *para que conforme a las profecías que se hicieron antes en cuanto a ti,* milites por ellas la buena milicia" (1 Ti. 1:18).

¿Podemos tomar las profecías personales que hemos visto y comprobado que son veraces y podemos guerrear espiritualmente sobre ellas?. Sí, Los reyes de Judá e Israel como David y Josafat, vencieron a sus enemigos basados en la profecía personal que ellos recibieron por parte del profeta.

Josafat siguió todas las direcciones específicas que proveyeron la estrategia de la batalla por medio de la declaración profética. Él prosiguió en la batalla con la seguridad total de que obtendría la victoria debido a la profecía dada por Jahaziel. El Rey había depositado su confianza en la palabra que el profeta le había dado acerca de la dirección correcta a seguir, lo cual inspiró su fe en Dios, quien había inspirado al profeta a que hiciera esta declaración profética. De esta manera derrotó al gran ejercitó enemigo, y determinó así uno de los gran principios de la respuesta adecuada para los profetas y la profecía personal: "Cree en el Señor tu Dios para que seas establecido, cree en sus profetas y prosperarás" (2 Cr. 20:20).

Una palabra profética como la que recibió Josafat, la cuál le dio la estrategia para la batalla, no solo obraría porque Dios lo había declarado, sino que también se llevaría a cabo para hacer exactamente y en el tiempo determinado lo que Dios había dicho. Esta clase de palabra puede ser considerada una profecía personal, de la misma manera que las palabras a Josué acerca de Jericó, eran individuales y únicas. Los métodos que Josafat y Josué usaron en estas ocasiones no serían incluidos en un manual de guerra como una estrategia normal para ganar una batalla, y no tenemos un registro de que otra persona recibiera esta declaración por parte de Dios que destruiría a una ciudad al marchar alrededor de ella, o tampoco como conquistar a varios ejércitos enviando a los músicos y a los cantores al frente de los soldados y la artillería. Ellos obtuvieron la victoria en éstas batallas porque los líderes siguieron la dirección específica que el Señor les había dado para esa situación en particular.

La Profecía Personal Da Poder Para Perseverar. El Apóstol Pablo pudo con gozo soportar sufrimientos grandes, porque ya un siervo de Dios le había profetizado que era la voluntad de Dios que Pablo sufriera penalidades por causa de Jesucristo. La profecía por medio de Ananías depositó en el espíritu y mente de que el se convertiría en un apóstol a los gentiles. Después, a través de una palabra rhema de parte del Señor le aseguraba que la gracia de Dios era suficiente para enfrentar cualquier problema o sufrimiento. Finalmente, una palabra personal de parte del Señor que él debía ir a Roma le dio el valor de pelear la buena batalla de fe hasta que él hubiera terminado su carrera en Roma.

El Poder de la Profecía Personal Probada Personalmente. Mi esposa, Evelyn nos da un buen ejemplo de lo que es batallar sobre la profecía. En 1979 un profeta le compartió una palabra y le mencionó algunas cosas que ella nunca antes había oído, aun así ella le creyó al profeta y prosperó; Ella confió en Dios y vio cosas establecidas.

Parte de la profecía declaraba que Dios había hecho un pacto con ella de que nuestros hijos no podrían y no se casarían fuera de la voluntad del Señor. En esa época nuestros dos hijos menores estaban solteros. Tim, el mayor, ya se había casado y todos teníamos paz porque teníamos el testimonio de que Karen era la persona adecuada para él. Nuestro segundo hijo Tom, quien tenía veinte años estaba de novio con una chica cristiana la cual ni mi esposa ni yo creíamos que ella era la muchacha apropiada para él. Al mismo tiempo, nuestra hija Sherilyn, que tenia dieciocho años de edad estaba planeando casarse con un joven de una fe firme.

El prometido de mi hija era como un hijo para nosotros y no hallábamos ninguna falla bíblica en él, pero mi esposa no sentía paz con respecto al matrimonio. La pareja continuó haciendo preparativos y fijaron la fecha de la boda. Evelyn ayudó a Sherilyn con todos los preparativos y en la compra del vestido de la novia.

Conocimiento Mental vs. El Testimonio del Espíritu. Durante todo este tiempo, mi esposa reía por fuera pero estaba muy angustiada en su interior porque no sentía paz en cuanto a esa boda, aunque mentalmente estaba de acuerdo con todo lo que estaba sucediendo. Ella se mantenía confesando la profecía que ella había recibido, acerca de que sus hijos no se casarían fuera de la voluntad de Dios. Ella en privado le repetía al Señor, "Dios, tu me diste una promesa profética personal de que tu hiciste un pacto conmigo, cuando mis hijos estaban aún en mi vientre, que ninguno de ellos se casaría con la persona equivocada. Señor, nunca antes había considerado esto, pero desde que lo revelaste, estoy confiando en ti y en tu profeta, Dios, que mis hijos prosperarán y serán establecidos en sus matrimonios con la pareja que fue escogida para ellos."

La boda de Sherilyn se había fijado para el 16 de Agosto de 1980. En Junio, nosotros los cuatro saldríamos a ministrar y estaríamos ausentes hasta dos semanas antes de la boda. Todo estaba listo, lo único que faltaba por hacer era llevar a cabo la ceremonia.

Los eventos providenciales que tomaron lugar requerirían de un libro para contarlo todo. Pero relataré la historia brevemente, al finalizar nuestro viaje, fuimos a la iglesia en DeFuniak Springs, en el estado de la Florida, a visitar al pastor Glenn Miller, un joven de veinticinco años que estaba comprometido para casarse. La segunda noche que estuvimos allí, Dios les habló a Sherilyn y a Glenn por separado y en forma independiente diciéndole a ella, "Ese es tu esposo" y a él "Esa es tu esposa". Cada uno de ellos inmediatamente terminó su compromiso con la otra persona y se comprometieron a casar.

La Misma Boda pero un novio Diferente. De nuevo regresamos a nuestro hogar en Phoenix, en el estado de Arizona, donde vivíamos en ese tiempo, y llevamos a cabo la ceremonia pero está vez el novio era diferente.

Mientras tanto, Tom había terminado su noviazgo con esa joven y en el colegio bíblico había conocido a otra hermosa rubia con la cuál se había comprometido. Estoy convencido de que su eventual matrimonio también se llevó a cabo en parte porque Evelyn había batallado con su profecía. Todos nuestros hijos ahora están casados de acuerdo a la perfecta voluntad de Dios, con las parejas que Dios preparó para ellos. Ellos están prosperando grandemente y nos han dado nueve nietos hermosos.

Si, podemos tomar la profecía personal probada como una palabra del Señor y con ella batallar, porque sabemos que todo obrara de acuerdo la perfecta voluntad de Dios. Si confiamos en Dios, seremos establecidos, pero también debemos creer a Sus profetas para que seamos prosperados (2 Cr. 20:20).

NO TOME UNA DECISIÓN DEFINITIVA A MENOS QUE RECIBA INSTRUCCIÓN ESPECIFICA

A menos que Dios nos dé instrucciones específicas de lo que debemos hacer, la respuesta adecuada a la profecía personal, es simplemente continuar con lo que estábamos haciendo antes de recibir la palabra del Señor. Esto es lo correcto, aunque se nos haya dicho que en el futuro haremos proezas.

Como ejemplo, vemos que David fue llamado de donde pastoreaba las ovejas, y Samuel le ungió como rey sobre todo Israel. Pero no se le dio dirección profética acerca de como o cuando se cumpliría esto, ni tampoco se le dio instrucción de los pasos que David debería seguir. Era simplemente una declaración profética.

Así que David regresó al ministerio de pastorear ovejas, practicar con la honda, aprender a cantar, y a tocar el arpa para él Señor. Puesto que David en esa época era muy joven, no había nada que él podía hacer acerca de su profecía personal del reinado, excepto esperar el tiempo de Dios, y mantenerse ocupado aprovechando el tiempo, mientras soñaba acerca del día en que la profecía fuera cumplida. Todas las profecías verdaderas que hablan de logros futuros — aún las nuestras — deben esperar el tiempo de Dios para su cumplimiento.

Por otra parte, cuando la profecía recibida incluye instrucciones específicas y unción para tomar acción inmediata, entonces es tiempo de llevar a cabo lo que la profecía dice (2 R. 9). Como por ejemplo, Jehú, uno de los capitanes del ejército de Israel, recibió este tipo de profecía. Eliseo comisionó a uno de sus profetas jóvenes para que llevara una redoma de aceite hasta Ramot de Galaad y allí debía ungir a Jehú como Rey de Israel y luego tenía que huir. Este joven no solo ungió a Jehú como rey, sino que también profetizó la destrucción de la dinastía de Acab, la cual ya Elías le había profetizado doce años antes.

Cuando Se le Dirige Específicamente, Tome Acción inmediata. Cuando Jehú le dijo a sus capitanes lo que el profeta le había dicho y hecho, ellos inmediatamente le coronaron como rey, Jehú sabía que el tiempo era apropiado, y sus camaradas estuvieron de acuerdo. Así que él se montó en su carruaje e inmediatamente fue a Jezreel y exterminó a todos los de la casa de Acab. Entonces prosiguió hacía Samaria, y de la misma manera destruyó y mató a todo los profetas de Baal. Los años de experiencia habían preparado a Jehú para este tiempo. Él tenía celo por la causa del Señor, y estaba dispuesto y listo. Todos los compañeros capitanes atestiguaron a ésta decisión. Así que el tiempo de Dios hizo que todo estuviera en orden, animándole y permitiendo que él tomara acción inmediata sobre la profecía y que siguiera hasta que él hubiera cumplido fielmente todo lo que había sido declarado (2 R. 9, 10).

Jehú, entonces, *tomo acción inmediata* para llevar a cabo su profecía y fue lanzado a un reinado de veintiocho años como rey de Israel. Por otra parte, David *no hizo nada inmediatamente* para llevar a cabo su profecía, pero esperó pacientemente aproximadamente diecisiete años antes de que la palabra fuera parcialmente cumplida, y otros siete años antes del cumplimiento total. Su paciencia al esperar sin tratar de hacer que la profecía se realizara por su propio esfuerzo finalmente lo lanzó a un ministerio de reinado con mucho éxito por cuarenta años.

De estos dos ejemplos bíblicos podemos concluir que no es suficiente el recibir una profecía. Podemos responder apropiadamente, meditando en ella, dando testimonio, batallando apropiadamente, y tomando acción solo cuando específicamente se nos dirija a hacerlo. A continuación debemos considerar las actitudes necesarias para que la profecía personal se cumpla.

17

La Respuesta Apropiada Hacía la Profecía

Una verdadera profecía personal inspirada por Dios es una palabra específica para un individuo. Los mismos principios bíblicos acerca de la actitud que debemos tener hacía la palabra escrita el Logos, debe ser aplicada igualmente a la palabra Rhema que es declarada proféticamente. Ciertas condiciones son esenciales para recibir una profecía personal. Estas son:

FE

La fe es absolutamente esencial para poder recibir algo de parte de Dios. Si recibimos o deseamos recibir profecía personal ya sea de un profeta o del presbiterio, debemos evaluar a fondo a aquellos que posiblemente pudieran ministrarnos proféticamente. Si concluimos que estos tienen las cualidades necesarias y que son hombres y mujeres de Dios, competentes en su ministerio entonces las profecías deben ser recibidas con toda confianza, creyendo que la palabra es objetiva y verdadera.

Hebreos 4:2 nos habla acerca de los israelitas en el desierto, "Porque también a nosotros se nos ha anunciado la buena nueva como a ellos; pero no les aprovechó el oír la palabra, por no ir acompañada de fe en los que la oyeron." Sí el evangelio, el cuál es el poder de Dios, no les aprovechó, cuánto más será cuando un profeta de nuestros tiempos declara una palabra del Señor.

Si la declaración profética es recibida con una buena disposición y con fe, entonces la palabra rhema que es oída traerá consigo la fe necesaria para el cumplimiento de esa declaración: "Así que la fe viene por el oír, y el oír por la palabra (rhema) de Dios" (Ro. 10:17). La fe es el medio para obtener todas las promesas proféticas. Sin fe es imposible agradar a Dios, pero con fe todas las cosas son posibles (He. 11:6; Mr. 9:23; 1 Jn. 5:4).

OBEDIENCIA

La verdadera fe siempre viene acompañada de la obediencia. Si en nuestro oír no progresamos hasta el punto de poner en práctica lo que hemos escuchado, entonces seremos candidatos para el engaño. Santiago nos dice: "Pero sed hacedores de la palabra y no tan solamente oidores, engañándoos a vosotros mismos." (Stg.1: 22).

Cuando el Señor se dirige a nosotros con una palabra, no lo hace para entretener nuestro intelecto, sino para darnos el entendimiento necesario para *hacer* su voluntad. "Las cosas secretas pertenecen a Jehová nuestro Dios; mas las reveladas son para nosotros y para nuestros hijos para siempre, para que *cumplamos* todas las palabras de esta ley" (Dt. 29:29). El mismo principio que se aplicaba a los hijos de Israel cuando recibieron las palabras de la ley se aplica a las personas que reciben palabras de instrucción de la profecía personal: "Porque no son los oidores de la ley los justos ante Dios, sino los hacedores de la ley serán justificados" (Ro. 2:13).

Es Mejor No Saber, Que Saber y No Hacer Nada. "Y al que sabe hacer lo bueno, y no lo hace, le es pecado" (Stg. 4:17). Es mucho mejor no recibir una palabra profética, que recibirla y no hacer nada de lo que ella nos manda. Si obedecemos y hacemos exactamente lo que la palabra nos dice, entonces nos libraremos del engaño y nuestro espíritu y mente estarán dispuestos a conocer la voluntad de Dios.

Jesús dijo, "el que quiera hacer la voluntad de Dios, conocerá si la doctrina es de Dios, o si yo hablo por mi propia cuenta" (Juan 7:17). Por lo tanto, si creemos y hacemos lo que sabemos debemos hacer, el Señor nos hablará y revelará más acerca de su voluntad para nuestras vidas.

. Por lo tanto, la respuesta correcta hacía la profecía personal requiere de obediencia y de cooperación con la palabra para que esta tenga lugar en nuestra vida y de esa manera llevarnos al cumplimiento de la voluntad de Dios: "La palabra de Cristo more en abundancia en vosotros, enseñándoos y exhortándoos unos a otros en sabiduría" (Col. 3:16). Necesitamos hacer la oración que Pablo hizo: "Por lo demás, hermanos, orad por nosotros, para que la palabra del Señor corra..." (2 Ts. 3:1).

PACIENCIA

Hebreos 6:12, nos recuerda que no solo la fe es la que hace que las promesas sean heredadas sino también se necesita la *paciencia*. Estas dos cualidades nos permiten apropiarnos de las palabras proféticas hasta que la promesa sea alcanzada.

Después de que hayamos recibido una profecía personal y comprobado que es una palabra genuina del Señor, debemos mantener una fe constante y una confianza plena de que llegará a cumplirse, sin importar el tiempo que se necesite; esto requiere de nosotros seguir buscando pacientemente la voluntad de Dios Cuando nos hayamos convencido de que la palabra es una palabra rhema verdadera, no debemos permitir que nada ni nadie la hurte.

La Profecía Personal Casi Destruida Cuando recibí mis primeras profecías de parte del presbiterio a la edad de 19 años, yo no conocía estos principios. Después que salí del colegio bíblico, me relacioné con cristianos que no sabían nada del presbiterio profético, o de la profecía personal. Me desanimé porque nada de lo que yo creía que iba a suceder se estaba llevando a cabo de la forma rápida como yo esperaba.

Le mostré mis profecías a un par de ministros y a un amigo. Todos me decían lo mismo, que no sentían el testimonio de estas palabras, y creían que eran ataduras. Ellos sugirieron que las quemara.

En un momento de confusión y desánimo estuve a punto de deshacerme de las profecías tirándolas a las llamas y de esta manera destruir todo su contenido, gracias a Dios ellas no fueron destruidas, ya que cada una de ellas se ha cumplido. Estas profecías han sido fuente de constante inspiración, ánimo y motivación por más de treinta y nueve años.

¡Las Profecías Personales Son Perlas Preciosas! Cuando Jesús dijo que no echáramos las perlas a los cerdos, Él se estaba refiriendo a los fariseos. Él estaba diciendo que no llevemos algo que Dios nos ha dado y lo compartamos con aquellos líderes religiosos que no creen que Dios habla hoy por medio de la profecía personal. El diablo puede y usa ministros y amistades cristianas que con buenas intenciones tratan de hurtar la palabra que Dios nos ha dado, pero nosotros no debemos permitir esto.

Aunque nuestras profecías personales estén, causándonos confusión y frustración, debido a que no hemos visto su cumplimiento inmediato. Ellas pueden contradecir todo lo que este sucediendo en nuestras vidas y en nuestras circunstancias, pero debemos sin embargo, esperar pacientemente en el Señor. Él cumplirá la palabra profética, transformándonos y cambiando nuestras circunstancias. Si seguimos adelante, pacientemente buscando una palabra rhema de parte del Señor, podremos eventualmente poseer todas nuestras promesas proféticas. Toda palabra verdadera que proviene de parte de Dios se cumplirá en su propósito y momento predestinado.

La Paciencia es Necesaria Para Perseverar En Medio de los Procesos de Dios. Los procesos de Dios para el cumplimiento profético a menudo se llevan a cabo más tarde de lo que esperamos. Casi siempre es más tarde, y muchas veces es mucho más tarde. Cuando me gradué del colegio bíblico esperaba poder ser lanzado a un ministerio mundial ya que esto era lo que las profecías me decían. Estaba convencido de que todas esas palabras maravillosas acerca de que sería "un líder de líderes" se harían realidad en un instante. Tenía la promesa de "los dones del Espíritu y la fe de Dios, el ministerio de liberación y la unción para llevar al cuerpo de Cristo a la unidad y la unción profética," estaba totalmente seguro de que sería manifestado inmediatamente. Estaba, lleno de celo, visión, dedicación y determinación.

En 1953, el presidente del Colegio Bíblico donde asistía, me había pedido que testificara en un programa nacional de radio. Mi testimonio en esa época, revela que tan encendida estaba mi visión de que nuestra generación tenía que llevar el evangelio a todo el mundo: "¡ Este mundo", dije yo, "quiero que sepan es apenas lo suficiente grande!" El diablo esta aquí y yo también estoy aquí, ninguno de los dos podemos estar en el mismo lugar. Uno de los dos tiene que irse y estoy avisándole al diablo que no seré yo".

La Percepción Errada Trae Consigo Presión e Impaciencia. Muchos ministros, al igual que yo, estábamos convencidos de que Cristo regresaría en cualquier momento. No podíamos desperdiciar el tiempo y yo estaba definitivamente convencido de que Jesús iba a regresar antes de que yo cumpliera los treinta años. Solo pensábamos en términos de meses, no de años. El esperar y ser paciente no existían en nuestro vocabulario de ese entonces; todo tenía que hacerse hoy porque el día de mañana no vendría.

¿Oyó Dios todas mis oraciones diciéndole que, por lo inminente de su regreso él debía apresurar el proceso, para que inmediatamente me convirtiera en el profeta más grande, haciendo la obra más grande para él? Sí, él me oyó, pero el no me tomó en serio o se preocupó. El Señor conocía su propio horario y el proceso de crecimiento que sería necesario antes de que todas las profecías pudieran manifestarse en su plenitud. Dios nunca se apresura, Él siempre llega justo a tiempo. A Dios no lo presiona ni la intimidación, ni nuestra frustración.

En esa época ayunaba varios días al mes y pasaba horas orando todos los días, pidiendo que sus propósitos fueran perfeccionados en mí. ¿Cómo respondió Dios a todas mis suplicas? Él me colocó como pastor de una pequeña iglesia en el valle de Yakima en el estado de Washington por espacio de seis años.

Yo era un joven proveniente del estado de Oklahoma, que estaba atascado en el territorio frío y desconocido del noroeste. La iglesia que tomé tenia una larga historia de problemas. En años anteriores, esta Iglesia había experimentado un avivamiento continuo por cuatro años. Casi todos los habitantes de este pequeño pueblo de cinco mil habían asistido a la Iglesia en algún momento. El pastor anterior, había fallecido unos años antes de mi llegada, y la congregación estaba disminuyendo. La congregación, se había dividido varias veces sobre casi todo tema controversial en el campo del cristianismo y para la época cuando llegué, el fuego abrazador del avivamiento ya había pasado dejando solo cenizas y unos pocos miembros humeantes.

Los veinticinco o treinta santos que había experimentado estas tormentas cantaban, " Nada, no nada me moverá" y lo decían con toda firmeza. La congregación que permanecía allí, lo habían visto todo, lo habían experimentado todo, y lo sabían todo. Así que escogieron a este profeta joven sin experiencia para que fuera su pastor con la idea de que a pesar de todo lo que ellos habían tenido que pasar, ellos podrían soportar a este joven hasta que madurara un poco.

El Hombre Debe Madurar Antes de que el Ministerio Poderoso Sea Manifestado. El propósito de Dios me mantuvo allí por seis años. Dios continuaba formando al hombre antes de poder manifestar el ministerio poderoso. Lo mismo sucede con todos nosotros, el ministerio no puede ser más grande que el hombre. El hombre inmaduro puede ser despedazado, porque debemos ser lo suficiente maduros para poder llevar adecuadamente el peso de un ministerio maduro.

Aún con Jesús, Dios tomó treinta años de su vida en la tierra para prepararlo, y Jesús solo tuvo tres años de ministerio — esto es una relación de diez a uno. David tuvo una vida similar, veinticuatro años de preparación que lo llevaron al cumplimiento de su profecía acerca del ministerio. El sueño profético de José no se hizo realidad sino hasta veintidós años después, y Noé tuvo que trabajar en el arca cien años antes de que estuviera lista para flotar durante el diluvio.

Principios Bíblicos Para Obtener el Cumplimiento de las Profecías Personales. En Salmos 37:7–11 tenemos una exhortación muy clara sobre la respuesta apropiada a la profecía personal, especialmente en aquellas áreas que hablan acerca de nuestro ministerio y de lo que se va a llevar a cabo. Este pasaje en paráfrasis podría ser interpretado así: "Deléitate asimismo en Jehová, y él te concederá las peticiones de tu corazón. Encomienda a Jehová tu camino [la forma como sus profecías pueden ser cumplidas], confía en él; [su profecía personal] y él hará. No te alteres con motivo del que prospera en su camino [la persona cuyo ministerio está creciendo], por el hombre que hace maldades [el ministro que está prosperando y que tiene éxito, pero que no es recto en sus caminos, haciendo las cosas a su manera y no de acuerdo a lo que Dios dice] Deja la ira, [contra Dios por no haber respondido cuando deseábamos que él lo hiciera], deja el enojo; [olvida las frustraciones y la obligación propia que sientes de desempeñar tu función antes del tiempo Dios]...Pero los que esperan en Jehová, ellos heredarán la tierra...y se recrearán con abundancia de paz."

Otros pasajes bíblicos que aclaran este principio divino son: "No perdáis, pues vuestra confianza, que tiene grande galardón; porque os es *necesaria la paciencia*, para que *habiendo hecho la voluntad* de Dios, obtengáis la promesa (promesa personal profética)" (He. 10:35,36). "Aguarda a Jehová; Esfuérzate, aliéntese tu corazón; Sí espera a Jehová" (Sal. 27:14). "Pero los que esperan a Jehová tendrán nuevas fuerzas; levantarán alas como las águilas; correrán y no se cansarán; caminarán y no se fatigarán" (Is. 40:31). ¡Enséñanos, oh Señor a esperar! El esperar en el Señor para que nuestras profecías se cumplan demuestra no solo *paciencia*, pero también *fe* y *obediencia*.

LA HUMILDAD, MANSEDUMBRE Y SUMISIÓN

Cuando recibimos una palabra profética verdadera y respondemos a ella con orgullo, enojo, duda, resentimiento, critica, auto justificación, o arrogancia; revelamos inmadurez o un espíritu erróneo. Debemos entender que una actitud incorrecta tiende a neutralizar mucho de lo que Dios desea llevar a cabo por medio de lo que las palabras proféticas han declarado. Por ésta razón es de suma importancia que recibamos la declaración profética con un espíritu de humildad, mansedumbre y sumisión

Algunas veces tenemos ideas preconcebidas sobre el gran ministerio que creemos Dios describirá y confirmará por medio del profeta. Cuando Dios no confirma nuestras ideas de ser famosos, entonces nos desilusionamos, nos deprimimos y hasta nos enojamos con Dios y con él que está profetizando. Insistimos en que el profeta o el presbiterio se equivocaron no conociendo la mente del Señor.

En algunas ocasiones hemos visto esto en nuestros seminarios proféticos donde ministramos proféticamente a través del presbiterio a aquellos que asisten. Como ejemplo, recuerdo en particular a un ministro que asistió al seminario y no era conocido por los que profetizaban. En su sesión de presbiterio, ni una palabra fue mencionada acerca de su llamado a ser un gran profeta, ni tampoco acerca de las características de un profeta. Después él se acercó quejándose de que el presbiterio según él, no habían acertado en nada puesto que no habían discernido el gran llamado que él tenía como profeta de Dios.

Este hermano no estaba manifestando la sabiduría de lo alto ya que se me acercó con una actitud de superioridad. Tuvimos que aconsejarle y ayudarle a despojarse de su orgullo herido y del resentimiento además de amonestarle severamente para que venciera su espíritu y actitud equivocada. Él no estaba manifestando la sabiduría de lo alto.

Una Actitud Apropiada de Una Persona Verdaderamente Madura. La Biblia nos dice que si amonestamos al sabio, él será más sabio, pero si amonestamos al necio este nos odiará. Muchas veces, las palabras que el Señor nos da por medio de profecías requieren cambios en nuestro comportamiento y en nuestras actitudes. Santiago 1:21 dice: "Recibid con *mansedumbre* la palabra." Debemos estar dispuestos a responder con sabiduría. Una persona que es madura y que tiene una actitud correcta, responderá apropiadamente a la profecía personal, aún cuando esta fuese de corrección, demostrando de esta manera los atributos de la sabiduría celestial: "Pero la sabiduría que es de lo alto es primeramente pura, después pacifica, amable, benigna, llena de misericordia y de buenos frutos, sin incertidumbre ni hipocresía" (Stg. 3:17).

Cuando Jesús le profetizó a las siete Iglesias de Asia en el libro de Apocalipsis, Él les dijo: "El que tiene oído oiga lo que el Espíritu dice a las Iglesias." (Ap. 2:11). No todo era halagador. Las palabras declaradas requerían de algunos ajustes en sus actividades y un cambio de actitud. El Señor les decía que la actitud apropiada hacía la profecía era el arrepentimiento y la sumisión, y que habría consecuencias serias si ellos respondían de otra manera.

Como Se Responde a Una Profecía Incorrecta y Como Responde Una Persona Inmadura. Una persona madura con una actitud apropiada responderá a la profecía personal — aún cuando esta fuese para corrección — demostrando de esta manera los atributos de la sabiduría celestial: "Pero la sabiduría que es de lo alto es primeramente pura, después pacifica, amable, benigna, llena de misericordia y de buenos frutos, sin incertidumbre ni hipocresía" (Stg. 3:17). Otras traducciones usan las palabras: fácil de enseñar, abiertos para razonar, preparado para convencer, cortés, amable, libre de dudas, vacilación, e insinceridad. Una persona madura y justa no responderá con un comportamiento carnal o infantil aún cuando la profecía no sea acertada. Cuanto más, entonces, debemos responder a una profecía personal con humildad, mansedumbre y sumisión.

El Orgullo Puede Impedir que se Cumpla la Profecía Personal. Un buen ejemplo bíblico de la necesidad de ser humilde al recibir la palabra de Dios lo encontramos en (2 R. 5) cuando Naamán el general del ejército de Siria quien era leproso, quería que el profeta Eliseo lo sanara. Cuando Eliseo envió su mensajero a Naamán diciéndole que se sumergiera en el río Jordán para que se sanara, este se enojó. La respuesta de Animan fue una de enojo y afrenta de su orgullo personal porque Eliseo no había salido a recibirle y su sentido de orgullo nacional fue lastimado porque el río Jordán estaba en Israel y no en Siria. Además, la profecía simplemente no tenía sentido para él así que decidió irse a su casa enojado.

Animan nunca hubiera recibido su sanidad si los que lo acompañaban no hubieran razonado con él y él hubiera dejado a un lado su orgullo y hubiera obedecido la palabra de Dios por medio del profeta Eliseo. El sumergirse siete veces en las aguas sucias del río Jordán fue humillante para él, pero cuando se dispuso a obedecer exactamente lo que el profeta había dicho, la palabra creativa de parte de Dios fue inmediatamente activada y germinada. Esta acción trajo como resultado la manifestación plena de la semilla profética que había sido sembrada por Eliseo y de esta manera Naamán fue sano.

La obediencia total y con humildad automáticamente activa la palabra profética. Nada puede detener su realización si hemos obedecido todo lo que se nos ha dicho. No tenemos que rogarle a Dios a que obre, así como un pecador arrepentido no tiene que pedirle a Dios que le asegure que la sangre de Cristo lo limpia de todo pecado cuando él cree y confiesa a Cristo. La obediencia a la profecía activa su cumplimiento, en forma tan segura como lo es él darle vuelta a la llave de un auto para que este arranque.

18

Impedimentos Para el Cumplimiento de la Profecía Personal

Hemos visto como la naturaleza condicional de la profecía personal implica que debemos cooperar con la palabra de Dios hacía nosotros, para que de ésta manera pueda cumplirse. También hemos examinado los componentes de la respuesta apropiada. Ahora debemos mirar más detenidamente cuales son las causas por la cual una profecía personal no se cumple y las consecuencias de una respuesta inapropiada.

Básicamente, los mismos obstáculos que impiden que nos apropiemos de las promesas bíblicas, son también los que nos impiden ver el cumplimiento de las promesas proféticas personales de parte del Señor. En la Biblia encontramos varios pasajes que relatan como algunas personas que recibieron una palabra verdadera por parte de un profeta, o aun directamente del mismo Dios, no pudieron o no fueron capaces de aceptar la palabra como verdadera o de que ésta pudiera convertirse en una realidad en sus vidas. A continuación veremos cual de los problemas son los impedimentos más comunes ilustrados en la Biblia que previenen que aceptemos, entendamos, nos relacionemos y demos testimonio con nuestro espíritu a la profecía.

LA INCREDULIDAD

La incredulidad es uno de los impedimentos más grandes en el cumplimiento de la profecía personal. Tanto el Antiguo como el Nuevo Testamento verifican este hecho.

Los capítulos 13 y 14 del libro de Números relatan la historia del pueblo de Israel y como ellos no pudieron ver el cumplimiento de su profecía personal declarada por Moisés. Dios había hecho una declaración profética y a la vez se había comprometido a cumplir esta obra. Él demostró su deseo de manifestar Su poder. Él obró milagros para sacarlos de Egipto, y proveyó sobrenaturalmente para satisfacer cada una de sus necesidades durante los dos años de travesía al borde de la tierra de Canaán, la cual había sido prometida proféticamente. Aún así, con todas las pruebas que Dios les había dado, ellos todavía dudaban. "Y vemos que no pudieron entrar a causa de su incredulidad." (He. 3:19).

La incredulidad puede dominar la vida de una persona porque nunca llega a conocer a Dios personalmente. Los Israelitas se regían por sus cinco sentidos y por las circunstancias en lugar de las promesas proféticas de Dios. Ellos enfocaban los problemas en lugar de las profecías; observaban las ciudades fortificadas en lugar de la voluntad de Dios; los gigantes en lugar de la grandeza de Dios; las imposibilidades en lugar de las promesas del todopoderoso. Ellos fueron influenciados por el reporte negativo de diez de los doce espías. Todas las decisiones que ellos hacían eran basadas en el razonamiento humano y la propia conservación, en lugar de la promesa profética personal que Dios había hecho con ellos. Si queremos cumplir la profecía personal del Señor, debemos fortalecernos en el espíritu, resistir, y vencer toda tentación de analizar y dudar de la palabra. La incredulidad puede definitivamente impedir que cualquier individuo obtenga las promesas del Logos o de una palabra rhema personal.

DISPOSICIÓN MENTAL

La mayoría de nosotros tenemos ideas preconcebidas acerca de la vida, acerca de nosotros, y acerca de la teología; y cuando recibimos una palabra profética que no se ajusta a los patrones establecidos en nuestras mentes, la consideramos inaceptable. Creemos que no podemos relacionarnos a esa palabra, aun puede ser posible que la resintamos y que nos inclinemos a rechazarla del todo.

Cuando Jesús comenzó a hablar proféticamente acerca de su muerte, sepultura y resurrección, los discípulos no comprendían lo que él les estaba diciendo. Ellos creían que Jesús les hablaba en acertijos. El libro de Mateo nos dice que Pedro tomó a Jesús por los hombros y comenzó a reconvenirle para que no hablara así. Él se resentía y rehusaba aceptar ésta declaración profética, porque no estaba de acuerdo con sus metas personales e ideas preconcebidas acerca del Mesías prometido (Mt. 16:21–22).

Los judíos tenían un concepto político muy particular acerca de la venida del Mesías. Cualquier palabra profética que declarara lo contrario aún procedente del mismo Jesús era incomprensible, y por lo tanto inaceptable. Así que cuando Jesús hablaba del salvador que había venido a sufrir, a morir y a resucitar, estos eran conceptos inconcebibles. Inclusive los apóstoles habían sido influenciados por la creencia de sus contemporáneos de modo que era imposible que ellos entendieran y dieran testimonio inmediato de lo que se estaba profetizando.

Las Creencias establecidas generalmente se oponen a las Profecías. Actualmente, nosotros tal vez tengamos un modo de pensar muy particular en cuanto a nuestra vida, la clase de ministerio y la tradición religiosa. Si esto es así, por lo general es casi imposible aceptar ministración profética cuando ésta es contraria a nuestra opinión o a nuestros objetivos. Este tipo de palabra profética no es entendida hasta que lo profetizado se ha cumplido. Solo entonces podemos entender la palabra y podemos decir "*A eso* era lo que se refería el profeta".

Dios habla de esta manera para que una vez que hayamos pasado por el proceso, sepamos que Dios ya tenía un propósito en mente y que ese plan y propósito total de

Dios, estaba obrando para nuestro bien. Solo hasta después del sufrimiento, muerte y resurrección de Jesús fue que los discípulos pudieron recibir la verdadera aplicación literal de la profecía. La misma palabra profética que inicialmente les había traído frustración y confusión, se convirtió en una fuente de esperanza, ánimo, revelación y consolación.

De las miles de profecías personales que he declarado sobre otros durante mis treinta y cinco años de ministerio, he recibido cientos de testimonios verificando este principio profético. Por ejemplo, en el año 1981, estuve en una iglesia de la ciudad de Atlanta y allí prediqué y le ministré a más de cien personas entre ellos se encontraban el obispo de esa iglesia, obreros cristianos, y líderes.

Más tarde el obispo testificó diciendo que inicialmente él había rechazado parte de la profecía porque no concordaba con lo que él había pensado. Según él, exactamente una semana antes de que yo les visitara, él le había dicho al personal que no viajaría más al exterior porque quería quedarse en casa y dedicarle más tiempo a la Iglesia. Pero uno de los parágrafos de ésta extensa profecía decía que él estaría viajando a otras naciones con mucha más frecuencia de lo que él había hecho anteriormente.

Él rechazó ésta palabra hasta que después del transcurso de dos años se dio cuenta que la profecía sí se había cumplido y él había hecho exactamente lo que la palabra profética había declarado. Después de un lapso de tres años fui a ministrar allí nuevamente, ésta vez el obispo confirmó que el profeta había sido verdadero, que sus palabras habían sido acertadas y que se habían cumplido.

Dificultades entendiendo las Palabras Proféticas por Desconocer el Concepto "de los Tiempos" En otra ocasión estuve ministrando en una iglesia en el estado de Louisiana y en ésta iglesia se enfatizaba la doctrina de la fe. El pastor había escrito varios libros acerca de la confesión positiva, y de la victoria constante del cristiano que vive por fe. Yo le ministré a esta pareja extensamente y la mayor parte de la profecía consistía de frases que repetían la misma idea. Estas decían "no te desanimes...no tienes la culpa de lo que ha sucedido...tu fe no ha fallado...Yo no te he fallado... Aún estoy en control...no eres el causante de la situación y no trates de buscar explicaciones acerca de lo que ha sucedido....no te confundas, ni te desanimes sino mantén tu confianza en la sabiduría y en la fidelidad de Dios".

Después de ministrarle a esta familia continué profetizándole a otros miembros de ésta congregación, y el hermano que había recibido la profecía, se acercó a la mesa donde teníamos los libros y casettes para dialogar con mi esposa. Él le expresó a ella que no se explicaba cómo un profeta hubiera podido errar tanto con respecto a él, y tampoco podía explicar cómo le podía profetizar a otros con tanta certeza. Él insistía en que en ningún momento se había sentido desanimado, ni confuso, ni perplejo; su fe era grande e inmovible.

El problema al tratar de entender ésta profecía tenía que ver con el hecho de que la declaración se estaba haciendo en el tiempo presente, aunque en realidad su aplicación era para el futuro (esto mismo sucedió con muchas de las profecías del Antiguo Testamento); el hermano estaba tratando de entender un evento que todavía no se había llevado a cabo. El libro de su vida estaba en el capítulo dos mientras que la profecía se refería a un evento del capítulo tres.

Aproximadamente un año más tarde recibimos una carta de este hermano en la que él nos decía como la profecía se había convertido en una bendición. Su esposa había quedado embarazada y ellos estaban a la expectativa, confesando que ésta nueva vida sería victoriosa. Desafortunadamente, el bebé al nacer ya había fallecido. Este suceso fue un golpe desastroso para ellos, no sólo emocionalmente sino también doctrinalmente, ya que era contrario a todo lo que ellos habían creído y no se explicaban como les había podido suceder algo así (sólo Dios sabe la razón por la cual el bebé no nació con vida y nunca me imaginé que ésta profecía sería una palabra de consuelo que ellos necesitaran durante este tiempo y para está situación).

En esos días, sin embargo, alguien les recordó la palabra profética que ellos habían recibido y que hacía alusión a ésta situación. Ellos inmediatamente, la escucharon, la transcribieron y finalmente comenzaron a meditar en ella. Ellos descubrieron que la profecía había descrito en detalle todas sus emociones y todas las ideas que venían a sus mentes. Esta profecía les trajo gran paz y consuelo, quitando todo el peso y sentimiento de culpabilidad que el diablo había tratado de poner sobre ellos.

He recibido una gran cantidad de testimonios sobre esta clase de profecía. Muchos me han dicho: "No entendí nada o no creí que esa palabra se refiriera a mí, pero ahora que he pasado por la experiencia, entiendo claramente lo que se dijo. Ahora me siento fortalecido no sólo mental sino también espiritualmente."

Nadie puede entender en su totalidad una palabra del Señor cuando ésta se refiere a un evento futuro, especialmente cuando ésta es contraria a nuestra opinión o a nuestra forma de pensar. Si al recibir una palabra profética nos parece algo negativa o que no estamos de acuerdo con ella, aún así debemos, escribirla, entonces esperar y ver lo que sucede. Así cómo la profecía de Jesús con relación a su sufrimiento y a su resurrección, lo que ahora nos parece ser negativo o confuso, en su tiempo se convertirá en algo positivo que fortalece, instruye e ilumine un capítulo futuro de nuestra vida.

Debemos recordar que una profecía falsa es aquella que no se cumple. Sí la palabra no proviene del Señor no debemos temer, ni preocuparnos, ni renunciarla para impedir que se cumpla. Si la palabra *es* del Señor entonces la hora vendrá cuando lo que parecía ser una palabra negativa se convertirá en algo positivo, productivo y beneficioso.

EL PROBLEMA DE LA IMAGEN PROPIA

Una *imagen propia* falsa, es un inmenso obstáculo para recibir una palabra profética y ver su cumplimiento. Si sufrimos del gran "complejo de fracaso" como lo exhibió Moisés en la zarza ardiendo, no podremos aceptar una palabra de Dios que nos diga que tendremos éxito (Ex. 3, 4).

Dios habló directamente con Moisés desde la zarza ardiendo con manifestaciones sobrenaturales. Aun así, el todopoderoso tuvo dificultad tratando de convencer a Moisés de que la profecía era cierta y que se cumpliría en su vida. Si una palabra así hubiera venido de parte de un profeta y no directamente de Dios, él nunca le hubiera dado ninguna consideración.

Las Opiniones Personales que son equivocadas obstaculizan el cumplimiento de la Profecía Personal. Dios mismo tiene dificultad en convencer a aquellos que tienen una imagen propia baja y un complejo de fracaso en sus vidas. Muchas veces, como Moisés, hemos tratado de hacer la voluntad de Dios y de convertirnos en "libertadores" pero lo que terminamos haciendo es enredando más las cosas. Entonces, generalmente, tomamos decisiones tales como las de desechar el liderazgo ministerial y optamos por regresar al desierto, satisfechos con ser un padre de familia con un trabajo en un ambiente secular. Cuando esto sucede, Dios se ve obligado a confirmar la profecía con una unción sobrenatural y con una manifestación especial para que aceptemos la profecía como una palabra genuina y útil a nuestra vida.

Dejando el Temor al Fracaso. En el transcurso de nuestra vida es posible que hayamos tratado de hacer que algo suceda, pero nada ha resultado, de pronto recibimos una palabra de parte del Señor diciéndonos que finalmente lo que hemos tratado de hacer va cumplirse, el alma normalmente se defiende rechazando la profecía. La razón es que tememos desilusionarnos otra vez y nos preguntamos el porque habrían de ser diferentes las cosas si anteriormente nada ha funcionado.

No debemos permitir el desarrollo de un complejo de fracaso que impide el cumplimiento de la profecía. Tenemos que guardar nuestra alma, corazón, mente y espíritu con toda diligencia, perseverando con nuestra promesa profética hasta que ésta llegue a su cumplimiento. Dios cuidará fielmente de su palabra en nosotros hasta que ésta de fruto.

La Profecía enfoca lo Imposible. Si fijamos nuestra mirada en las promesas de Dios, en lugar del tiempo, los problemas o las evidencias que aparentemente son contradictorias, encontraremos que las inhabilidades del hombre se convierten en las oportunidades de Dios. De hecho, el propósito y mayor deleite de Dios es el de esperar hasta que el hombre se dé cuenta que la única manera de mantener la promesa es con intervención sobrenatural. Por eso Dios esperó hasta que Sara hubiera envejecido para darle un hijo, y por ello Jesús esperó hasta que Lázaro estuviera en la tumba cuatro días antes de acercarse a la aldea. Nuestra fe debe estar cimentada solamente en Dios, no en las palabras sino en el Dios que las declara; no en nuestra habilidad de entender sino en la habilidad de Dios de cumplir Sus propósitos profetizados en nuestra vida.

Los Impedimentos del Razonamiento Natural y La Lógica Científica. Pablo nos dice que la mente carnal no puede entender las cosas del espíritu porque éstas han de discernirse espiritualmente. Algunas veces el raciocinio humano y la lógica científica intentan convencernos de que lo que Dios ha prometido es sencillamente imposible e irracional. Los ejemplos bíblicos de ésta clase de profecía son muchos: la división del Mar Rojo (Ex. 14); la conquista de Jericó por medio de gritos y marchas a su alrededor (Jos. 6:1–20); La multiplicación del aceite (2 R. 4:1–7); la transformación en el campamento de Israel, de gran escasez a una gran abundancia en un solo día (2 R. 6:24–33; 7:1–20). La profecía personal es una función "espiritual" que necesita ser aceptada por nuestro hombre interior y puesto en practica con fe en Dios.

OBSTRUCCIONES DEL ALMA

En ocasiones, no es una idea o una forma de pensar la que nos impide creer en la profecía, sino una emoción, un deseo, o una ambición personal. Llamamos a esto una obstrucción del alma, porque el alma es la parte del ser humano que contiene la mente, voluntad, y emociones y donde estos problemas están localizados.

Las emociones pueden ser una barrera a nuestra fe. Por ejemplo, cuando tememos más al hombre que a Dios y buscamos complacer a otros en vez de al Señor. Éste fue el problema del rey Sedequías (Jer. 38:19), y del rey Saúl (1 S. 15:24). Nuestros sentimientos pueden obstaculizar nuestra fe ya que estos tienden a influenciarnos si la persona que nos profetiza no nos agrada, o si nos desagrada la profecía. Este fue el caso del rey Joram en relación con Micaías (1 R. 22:8), y del rey Sedequías con respecto a Jeremías (Jer. 38:14–28).

Otras razones por las cuales desconfiamos tiene que ver con nuestra decisión de enfocar los problemas en lugar de confiar en la promesa (Nm. 13:30–31); La falta de conocer a Dios personalmente (Dn. 11:32); la búsqueda de la conservación propia en lugar de la búsqueda de la gloria de Dios (Ap. 12:11).

LA IMPACIENCIA

La impaciencia es también uno de los mayores obstá-culos para el cumplimiento de la profecía personal. Los ejemplos bíblicos que hablan acerca de este problema son muchos. Como hemos visto, a causa de la impaciencia *Saúl* no solo impidió sino que también anuló completamente la palabra profética que él había recibido (1 S. 13:12). Por ser impaciente, él se vio "forzado" a ofrecer el sacrificio en vez de esperar a que Samuel llegara como lo había prometido proféticamente.

Moisés también demostró su impaciencia cuando asesinó al egipcio. Él trató de llevar a cabo su llamado como libertador de su pueblo antes del tiempo que Dios había señalado. Como consecuencia de ésta acción, él tuvo que huir al desierto y esperar allí cuarenta años hasta que Dios le indicara la forma y revelara el tiempo apropiado.

Abraham y Sara después de haber entrado en la tierra de Canaán y después de haber esperado por diez años que la profecía personal de Abraham de un hijo se cumpliera, Sara se impacientó y decidió no esperar más. Ella, probablemente en su mente razonó que Dios no le había especificado a Abraham de que ella sería la madre del niño. Así que ella procedió a llevar a cabo el cumplimiento de la profecía a su manera, dándole a Abraham su sierva Agar para que ella concibiera y fuera la madre sustituta.

La Impaciencia resulta en Ministerios del Tipo "Ismael". *Abraham* sí se convirtió en padre pero este hijo no era la simiente prometida. Esta pareja todavía no había cumplido la voluntad de Dios ni tampoco habían seguido Su camino. La consecuencia fue el nacimiento de Ismael quien se convirtió en un tormento para Isaac, el hijo de la promesa. Por todas las generaciones y hasta en nuestros tiempos, los descendientes de Ismael han perseguido a los descendientes de Isaac.

Cada vez que fallamos en esperar pacientemente que Dios revele su propósito divino para el ministerio profetizado, engendramos lo que es considerado como un ministerio "Ismael" en la iglesia. Esta clase de ministerio falso, engendrado a nuestra manera en lugar de en el tiempo de Dios, se convertirá en el aguijón en la carne del verdadero ministerio. Por esta razón el pueblo de Dios debe esperar y esperar y seguir esperando pacientemente hasta que Dios revele claramente sus caminos y el tiempo apropiado para el cumplimiento de la profecía.

Maria, es uno de los mejores ejemplos para nosotros con respecto a este tema. Ella guardó la profecía personal en su corazón y meditó en ella por más de treinta y tres años hasta ver el cumplimiento de la palabra en la vida de su hijo Jesús. Muchas cosas sucedieron antes del cumplimiento total de la palabra que decía que Jesús salvaría al pueblo de su pecado. Jesús tuvo que morir, ser sepultado y resucitar antes de poder limpiarnos por medio de su sangre.

Sólo Dios sabe todas las situaciones por las cuales tenemos que pasar antes que la profecía personal llegue a su cumplimiento. La impaciencia humana solo obstaculiza, por lo tanto es necesario descansar en fe, esperando pacientemente y no basándonos en nuestro propio entendimiento. Debemos estar atentos a los caminos de Dios y tomar paso a paso.

LA NEGLIGENCIA, TARDANZA Y APATÍA

La negligencia y la tardanza son factores básicos que producen apatía y juntos constituyen otro impedimento para el cumplimiento de la profecía personal. Por ejemplo, Dios estuvo a punto de quitarle la vida a Moisés antes del cumplimiento de la promesa profética, puesto que él había sido negligente en guardar el pacto de Abraham con respecto a la circuncisión de sus hijos. Seguramente él siempre tuvo la intención de hacerlo, pero nunca sacó el tiempo. Su demora en cumplir la ley casi le cuesta la vida cuando Dios le salió al encuentro y buscaba matarlo (Ex. 4:24).

El postergar lo que Dios nos ha mandado hacer trae consigo serias consecuencias. Antes de comenzar a escribir el libro *La Iglesia Eterna* tuve que suspender todos mis compromisos de viajar. Mientras estaba en una iglesia en la ciudad de Atlanta, en el estado de Georgia, me enfermé porque tenía cálculos en los riñones. Empecé a preguntarme "¿Cómo puede pasarme esto a mí?" Desde cuando tuve mi primer síntoma en 1963, el Señor me había sanado milagrosamente en tres ocasiones diferentes y ahora confiaba que Dios también me sanaría.

A pesar del intenso dolor seguí ministrando, pero el malestar se intensificó tanto que tuve que ser llevado al hospital. El examen de sangre indicaba que una operación inmediata era necesaria. Aunque clamé a Dios y le pedí que interviniera sobrenaturalmente y repetí todos los versículos de sanidad que sabía, nada sucedió. Todo lo que sentía de parte de Dios era la seguridad de que debía continuar con la operación.

Aprendiendo el valor de las Profecías Personales en circunstancias difíciles. Debido a mi enfermedad no pude asistir a varios eventos importantes y mi esposa tuvo que cancelar mi ocupado itinerario. Durante este tiempo sentí del Señor repasar todas las palabras proféticas que había recibido, comenzando con la primera palabra en el año 1952 y que las escribiera en un cuaderno en orden cronológico. Me sorprendí porque todas las profecías contenían un tema en particular y yo lo había olvidado. Dios había declarado con frecuencia, *escribe el libro* y hazlo de una vez.

Después de leer una profecía particular que mencionaba "el libro" siete veces. Comencé a orar acerca del titulo del libro y a investigar sobre el tema que iba a tratar. Empecé a hacer bosquejos y a escribir pero cuando mi salud mejoró acepte invitaciones para ministrar y mi itinerario comenzó a llenarse de nuevo.

Un día mientras me preparaba para viajar una buena amiga cristiana me llamó para decirme que venía a mi casa pues necesitaba un consejo. Al llegar ella me dijo: "Cuando venía de camino para tu casa, el Señor me dijo que te dijera que si no continuabas escribiendo el libro que él iba permitir que tu cuerpo sufriera las consecuencias". En mi espíritu sentí la confirmación de que esta era una palabra de parte de Dios, y de inmediato cancelé todos mis compromisos y continué escribiendo. Los tres años siguientes, en vez de aceptar todas las invitaciones que recibía para predicar, dediqué la mayor parte de mi tiempo al libro y ministraba ocasionalmente. Procedí de esta forma hasta que el libro estuvo listo para ser publicado. Su título es — *La Iglesia Eterna*.

LA INTERPRETACIÓN Y APLICACIÓN INCORRECTA DE LA PROFECÍA

Otro de los impedimentos para cumplimiento de la profecía es la aplicación errada y la interpretación incorrecta de la palabra que oímos de parte Dios. De nuevo, Saúl provee uno de los ejemplos clásicos de este obstáculo. Él trató de controlar su profecía personal con la intención de ganarse el favor del pueblo de Israel. Él mismo hizo el sacrificio, cambiando la obediencia por una ofrenda. Dios le había dicho que destruyera todo, incluyendo el ganado de los enemigos conquistados, pero en lugar de esto él apartó lo mejor del ganado y del rebaño con el pretexto de ofrecerlo en sacrificio al Señor. Aunque religiosamente su excusa parece justificable, en realidad él estaba utilizando aquel ganado capturado en la guerra para evitar que el pueblo de Israel sacrificara de lo suyo en el altar.

La respuesta de Samuel, al encontrarse con este acto de desobediencia a las normas de Dios, fue la de declarar que la utilización de la profecía con propósitos egoístas equivale al pecado de hechicería y continuar interpretando la profecía buscando fines propios es igual que el pecado de idolatría. Así que el comportamiento de Saúl fue calificado como iniquidad delante del Dios vivo, aunque la palabra había sido declarada por el profeta en el nombre del Señor.

La Profecía Personal no se debe tomar a la ligera. No darle la merecida importancia a la profecía personal y no obedecer sus instrucciones, no es algo intrascendente ante de Dios. Jehová envió al profeta Samuel a comunicarle al rey Saúl que, por no haber destruido totalmente a los Amalecitas, Dios se había arrepentido de haberle dado el reino a Saúl. Por consiguiente el Señor quito el manto de unción que había reposado sobre Saúl y en su lugar envió a Samuel a ungir a David como rey.

Todo ministro del evangelio, y cada miembro de la iglesia necesita entender que debemos tomar en serio la profecía personal. No podemos asumir la misma actitud de Saúl pensando que "¡el profeta no entiende la dinámica de nuestra situación!" Pensando que él no es un hombre de negocios "no tiene nada que aportar." Además hay que pensar ¡qué tanto puede complacer esto a la congregación!"

Realmente lo que Saúl y sus soldados habían hecho tenía mucha más razón y era económicamente más provechoso para el pueblo. Aparentemente está justificación religiosa era el pretexto para ofrecer un sacrificio y adorar a Dios. Pero todo el razonamiento humano y todo nuestro sentido común, no podrá excusarnos si cometemos el pecado de hechicería e idolatría intentando utilizar la profecía personal para nuestro propio beneficio. Dios no acepta sustitutos a la obediencia, no importa que tan buenas sean o cuan piadosas parezcan ser nuestras intenciones.

EL ORGULLO

Quizás el orgullo sea uno de los impedimentos más peligrosos para el cumplimiento de la profecía personal. Lucifer no cumplió el ministerio ordenado por Dios a causa de su orgullo. Isaías nos relata que en su corazón él dijo: "...Subiré al cielo; en lo alto, junto a las estrellas de Dios, levantaré mi trono, y en el monte del testimonio me sentaré, a los lados del norte; sobre las alturas de las nubes subiré, y seré semejante al Altísimo" (Isa. 14:13–14). Por lo tanto este ser fue arrojado del cielo.

Ciertamente Saúl también se enorgulleció y esto contribuyó a su caída. Samuel describe la previa actitud de

Saúl quien en un tiempo se consideró insignificante en sus propios ojos, dándonos a entender que ahora Saúl se había engrandecido (1 S. 15:17). El orgullo destruyó su ministerio así como el de Lucifer.

DESALIENTO Y DESILUSIÓN

Cuando las cosas no salen como deseamos, nuestro desanimo y desilusión pueden impedir el cumplimiento de la palabra de Dios en nosotros. Sara es uno de los ejemplos que nos muestra como nuestras emociones pueden afectar la fe que tenemos cuando se nos da una palabra profética. Por espacio de veinticinco años, ella había oído la palabra profética que decía que daría a luz un hijo pero la promesa no se había cumplido. Durante este tiempo cada mes que pasaba era una desilusión, y esto se repetía doce veces al año porque su ciclo menstrual indicaba que ella no había concebido. Más de trescientas veces se esperanzó y estaba a la expectativa, pero sus esperanzas fueron frustradas vez tras vez.

Cuando Abraham, siendo de noventa y cinco años tuvo la visita de un ángel quien le dijo que dentro de poco tiempo Sara concebiría y daría a luz un hijo. No nos sorprende entonces que ella no creyera el mensaje y por ello se rió pues no quería desilusionarse otra vez. Los fracasos continuos al no poder concebir formaron en ella un modelo de pensamiento hacia la infertilidad. Toda la evidencia física y mental, apoyaban fuertemente la idea de que en su caso era imposible que la palabra profética se cumpliera. Dios aparentemente se había demorado mucho. Ella y Abraham ya habían pasado la etapa de reproducción.

A pesar de estas circunstancias, Isaac nació. El cumplimiento de la profecía debe ser una motivación para nosotros de no permitir que nuestro desánimo nos impida creer en la palabra del Señor. Tenemos que estar dispuestos a esperar, no importando si en ocasiones parece infructuoso. Necesitamos estar dispuestos a pasar por todos los procesos que Dios coloque en nuestra vida.

EL AUTOENGAÑO, AGRADAR A OTROS Y LA PROYECCIÓN DE LA CULPA

Muchos pastores, ministros y aun profetas no han visto el cumplimiento de sus profecías y no han podido llevar a cabo la visión que Dios les ha dado por temor a lo que digan los diáconos, los ancianos, la junta directiva o la congregación. Muchos toman decisiones basadas en el voto de éstas personas y no por obediencia a la voz de Dios. Entonces cuando sus planes fracasan, otros se convierten en los responsables de la situación.

Saúl no admitió su desobediencia a la profecía personal sino que proyectó su culpabilidad. Evidenciemos esto por la escritura: "Y Saúl respondió a Samuel: Antes bien he obedecido la voz de Jehová...más el pueblo tomó del botín ovejas y vacas." El ceder a su temor y al culpar al pueblo de sus acciones, trajo como consecuencia el engaño, ya que él insistía en que había obedecido la voz de Dios (1 S. 15:20,21).

Moisés enfrentó la misma situación cuando permitió que su compasión impidiera el juicio de Dios porque él había decidido en su corazón que esa era la generación que poseería la tierra prometida. (Nm. 14:11–21; 20:7–12). Luego Moisés se enojó tanto con ellos que en su frustración desobedeció al Señor. La desobediencia hizo que Dios no permitiera que ni Moisés ni el pueblo de Israel recibieran la promesa del Señor.

LAS CONSECUENCIAS DE UNA RESPUESTA INCORRECTA

A través de la palabra podemos ver ejemplos de personajes que sufrieron las consecuencias de no responder apropiadamente a la profecía personal. Vemos como Zacarías enmudeció nueve meses por haber dudado de las palabras del ángel. Moisés quien por su impaciencia, frustración y resentimiento contra el pueblo de Israel, golpeo la roca dos veces y por consiguiente este solo acto canceló su profecía de entrar en la tierra prometida. A pesar de la profecía que Dios les había dado, más de un millón de israelitas murieron en el desierto a causa de su rebelión. La actitud indiferente del rey Sedequías a las profecías de Jeremías resultó en la perdida del trono, la perdida de sus ojos, y el cautiverio.

Un pasaje bíblico que tipifica las consecuencias de una respuesta inapropiada es el del rey Joás, nieto de Jehú, (2 R. 13:14–20). Cuando Eliseo enfermó, Joás fue a visitarlo y el rey se entristeció viendo al profeta en su lecho de muerte. Eliseo hizo un acto profético para ilustrar los logros que el rey alcanzaría en el futuro. Él pidió al rey Joás que trajera un arco y unas flechas. Luego le dijo que abriera la ventana que miraba hacia el oriente, y pusiera sus manos sobre el arco y lanzara las flechas. Entonces Eliseo colocó sus manos sobre las del rey. Joás obedeció al pie de la letra todo lo que se le había dicho y Eliseo le bendijo profetizándole que conquistaría a los Sirios en Afec.

La Respuesta a la Palabra del Profeta Determina la Profecía. Posteriormente, el profeta Eliseo hace otra solicitud y le permite al rey Joás actuar libremente conforme a lo que había en su corazón y su espíritu. El cumplimiento de la profecía iba a depender esencialmente de como el rey respondía a las palabras del profeta. Eliseo explicó al rey que tomara las flechas y golpeara con ellas el suelo. El rey golpeó la tierra tres veces y se detuvo. El profeta enojado dijo al rey: "Sí hubieras golpeado la tierra cinco o seis veces entonces hubieras derrotado a Siria por completo pero ahora solamente vencerás sobre ellos tres veces."

Joás perdió una gran oportunidad por responder incorrectamente a la palabra del profeta. Él hubiera podido derrotar completamente al enemigo en lugar de obtener una victoria parcial, pero su poco celo y visión disminuyó su potencial profético.

Un principio importante es revelado en esta historia: cuando respondemos en forma inapropiada a la palabra del profeta, limitamos el alcance y propósito que ésta palabra puede tener. Si un siervo de Dios ministra como profeta y nos dice que debemos hacer algo, tenemos que disponernos a hacerlo con entusiasmo. La obediencia nos ayuda a no perder el potencial para un desempeño poderoso.

CUATRO TERRENOS EN EL CORAZÓN DEL HOMBRE

El mejor ejemplo bíblico para ilustrar las consecuencias de una respuesta inapropiada a la profecía personal se encuentra en la parábola que Jesús nos dio del sembrador (Mt. 13:3–9). Él nos dice que el corazón del hombre es como un terreno para sembrar y cada corazón puede exhibir una de las cuatro clases de terreno, dependiendo de como responde a la palabra de Dios. *La primera clase* de "tierra en el corazón" del hombre es la denominada *tierra del camino*. Por ser transitada con mucha frecuencia tiene muy poca capacidad para recibir y retener la palabra.

La segunda clase de terreno es el pedregoso. Por su debilidad produce una respuesta superficial a la palabra de Dios, sin raíz y sin profundidad. Éste es el corazón de la persona egoísta que siempre busca agradar a otros.

La tercera clase de tierra es la que tiene *espinos.* Aunque es un buen terreno, también es mundano y materialista. Realmente tiene demasiada maleza y termina ahogando la palabra de Dios.

La cuarta clase de tierra y la más importante es el corazón que *"produce".* Esta tierra ha sido arada profundamente, ha sido constantemente cultivada irrigada. Este corazón ha aprendido a discernir entre la buena y la mala semilla y sabe como rechazar la mala. Este es el tipo de terreno que todos debemos esforzarnos a tener, para poder responder con todo nuestro ser a la palabra de Dios y así obtener una cosecha abundante.

19

La Profecía Personal con Relación a la Vida y la Muerte

Hemos recibido muchos testimonios de cristianos que han guerreado contra el ángel de la muerte y ganaron esas batallas porque creyeron en sus profecías personales. Un ejemplo nos lo proporciona un pastor de la Florida a quien conocí en una reunión de ministros en 1979. Prediqué en su iglesia por una hora, y luego le profeticé a más de veinticinco pastores y a sus esposas. Desde ese tiempo, he predicado dos veces al año en la Iglesia de este pastor, localizada en Fort Walton Beach, Florida. Hacen varios años, el Señor me indicó que siempre debía ministrarle al pastor principal y a su familia, de manera que este pastor ya había recibido numerosas profecías.

En una de estas profecías, Dios, por medio del profeta, le prometió que él tendría la oportunidad de entrenar a sus dos hijos para el ministerio. En esa época, ninguno de los dos tenía el deseo de entrar en el ministerio; es más, uno de ellos no tenía ninguna inclinación hacia lo espiritual. Los dos eran adolescentes y vivían en casa todavía.

En Junio de 1981, la madre de este hermano murió de un infarto. Unas horas después este hermano sufrió la misma clase de ataque cardíaco. A continuación una porción del testimonio del Dr. L.M. Thorne:

Esa noche el espíritu de muerte dejó a mi madre y se posó sobre mí. Realmente pensé que iba a

241

morir. Creo que hubiera muerto si mi esposa, mi hermano y mi cuñada no hubieran batallado a mi favor. Me sentía como si estuviera fuera de mi cuerpo y contemplándolo desde arriba. Sentía que de alguna forma estaba separado de mi cuerpo.

Personalmente, no estaba resistiendo en esta batalla tan intensa que mi familia libraba, cuando el Espíritu Santo trajo a mi memoria algunas de las profecías que el Dr. Hamon me había dado sobre el ministerio. Él había dicho que un día estaría en el ministerio con mis dos hijos. Confío plenamente en las palabras del Dr. Hamon porque él ha tenido una gran trayectoria en nuestra Iglesia. Así que confiaba en él como profeta de Dios.

Cuando el Espíritu Santo trajo a mi memoria estas profecías, pensé, Satanás, no me puedes matar; no he cumplido esas profecías. Por lo tanto, en ese momento comencé a pelear la buena batalla y casi instantáneamente me sentí mejor. Hasta ahora sólo medio trataba de sobrevivir. Mi familia era la que me mantenía vivo, pero tenía que comenzar a batallar. Tan pronto como lo hice, comencé a sentirme mejor. Comencé a batallar de acuerdo a 1 Ti. 1:18.

No es necesario decirlo, pero triunfé. De esto hacen seis años, y continúo bien de salud. La profecía individual es un arma poderosa utilizada para vencer al enemigo cuando él nos ataca. Pelea la buena batalla de la fe con esas profecías que han sido declaradas sobre ti.

Este ministro de Dios batalló contra el ángel de la muerte y logró la victoria porque él había creído y actuado basado en su profecía personal. Él es un creyente que confía plenamente en la sanidad divina, pero no sólo fue la Palabra Logos la que encendió su fe, sino la palabra rhema de un profeta.

Pablo le dijo a Timoteo que peleara la buena batalla de la fe, conforme a las profecías personales que se habían hecho en cuanto a él. El Apóstol Pablo instruyó a Timoteo para que estudiara la Escrituras y predicara la palabra (Logos); pero también le recomendó que peleara su batalla personal conforme a las profecías personales (palabra rhema), que el Apóstol Pablo, el Profeta Silas y otros ministros le habían dado en varias ocasiones, incluyendo las profecías que Timoteo recibió en su ordenación. A él se le habían impartido dones y un ministerio a través de la profecía por la imposición de manos. Él debía meditar en estas profecías y comprometerse íntegramente con ellas (1 Ti. 1:18; 4:14,15).

LOS MUERTOS RESUCITADOS

Nuestros buenos amigos, Roz y Syl Sozio, al comenzar sus vidas juntos tuvieron una experiencia similar. Ellos normalmente viajaban, de ida y vuelta, más de ochocientas millas en carro para poder asistir a más de una docena de conferencias de CI y ahora dictan las mismas conferencias proféticas y del Espíritu Santo por todo el país. También ejercen su ministerio en la Iglesia local, pero esto nunca hubiera sucedido en sus vidas, si Roz no hubiera recibido una profecía personal que activaría su fe para creer que los muertos podían ser resucitados.

Su testimonio completo pronto será publicado. Solo la conclusión será mencionada aquí para demostrar el poder de la palabra profética. En Junio de 1980, Syl se desmayó en su apartamento y se dio aviso a los paramédicos que, por cuarenta y cinco minutos, trataron de resucitarle pero finalmente lo pronunciaron clínicamente muerto. El corazón no palpitaba y no encontraban presión sanguínea. Mientras estaban desconectando los equipos, Roz recordó y fue estimulada por la palabra profética que había recibido. Ella oró con fe y reprendió al espíritu de muerte; para sorpresa de todos los paramédicos, él volvió a la vida. Un milagro se había producido porque Roz había guerreado de acuerdo con la palabra rhema del Señor.

La fe viene y obra cuando sabemos que hemos recibido una palabra rhema de parte del Señor. Grandes hombres de Dios, tales como Smith Wigglesworth, levantaron a muchos de la muerte por medio del don de milagros y de fe. Sin embargo sí leemos sus testimonios detenidamente, encontramos que ellos primero recibieron una palabra de parte del Señor sobre cuándo, dónde, y cómo orar la oración de fe. El logos, es la plataforma de lanzamiento y la estructura de toda autoridad, pero es la palabra rhema la que enciende el motor que permite el despegue de cualquier cohete con el cumplimiento divino.

LA PROFECÍA DE UNA PALABRA RHEMA, NO DEL LOGOS

La raíz de los problemas con la profecía personal con relación a la victoria sobre la muerte es similar a la victoria sobre las enfermedades. La muerte, sepultura y resurrección de Jesucristo provee la victoria sobre el pecado, enfermedad y muerte. La vida eterna espiritual y la inmortalidad física son parte del evangelio al igual que lo es la salvación, el bautismo en agua, la sanidad, el don del Espíritu Santo, y otras verdades del Nuevo Testamento. Cristo se levantó victorioso con las llaves de la muerte, el infierno y la tumba: "Pero ahora ha sido manifestada por la aparición de nuestro Salvador Jesucristo, el cual *quitó la muerte y sacó a luz la vida y la inmortalidad* por el evangelio" (2 Ti. 1:10).

Tenemos la misma prueba bíblica de que Jesucristo logró la victoria sobre la muerte para cada Cristiano, así como también la victoria sobre el pecado y las enfermedades. Pero cuando la profecía personal se hace basada en un conocimiento intelectual de la verdad bíblica y no de una palabra rhema que sale del corazón, muy pocas veces llega a su cumplimiento. La información funciona en la cabeza, pero la fe fluye del corazón.

Jesús Obtuvo la Victoria Sobre Todas las Cosas. Cristo pudo vencer la muerte para cada cristiano, pero no ha habido ningún informe de un santo en casi 2000 años del Cristianismo que haya ido al cielo para quedarse allá, sin antes morir. La muerte ha pasado a toda la humanidad a causa del pecado de Adán, pero Jesús nos redimió de la maldición de la muerte y ha quebrantado el compromiso con la muerte. La Biblia establece que esta verdad del *Logos* algún día se convertirá en una *rhema real*, y "no moriremos, sino que seremos transformados en un abrir y cerrar de ojos," "porque la mortalidad será absorbida por la vida (Cristo)" (2 Co. 5:4; 1 Co. 15:52; 2 Ti. 1:10).

Hasta que Dios manifieste su inmortalidad en los cuerpos físicos de los santos, todos tendremos que morir de alguna manera. Las enfermedades, dolencias, accidentes, y vejez, son todos agentes de muerte. Podemos vencer muchas de estas condiciones, pero eventualmente una de ellas será usada para terminar nuestra vida y ministerio aquí en la tierra.

Nuestra última batalla no es con las enfermedades, dolencias, o calamidades, sino frente a la misma muerte. La muerte es el enemigo y ladrón de la vida. Por eso la Biblia declara que la muerte es el último enemigo que será destruido por la Iglesia (1 Co. 15:26).

El Logos, nos dice que es la voluntad de Dios que seamos inmortales y que vivamos para siempre; el rhema nos deja saber si es la voluntad de Dios que una persona muera en ese momento, o si Satanás ésta tratando de robarle la vida prematuramente. Aunque algunas personas hayan vivido hasta los setenta años, cuando uno de estos agentes de la muerte les ataca, esto no quiere decir que automáticamente es la voluntad de Dios que ellos mueran. Lo sabio es mantenerse firme, conociendo que la voluntad de Dios es siempre la de salvar un alma, sanar el cuerpo, y librar de la muerte. Debemos creerlo, confesarlo, y declararlo. Pero no debemos expresarlo como un "así dice el Señor", en una profecía personal a una persona en particular, o en determinada situación a menos que estemos absolutamente seguros que hemos recibido una rhema inspirada por el Espíritu Santo de Dios.

La Profecía Personal Presuntuosa. He oído algunos casos extremos de palabras rhema y profecías personales presuntuosas. El profeta más famoso de la Iglesia a finales de los años 40 y principios de los 60 tuvo, entre sus seguidores, algunos fanáticos durante los últimos años de su ministerio. Cuando él murió, estos seguidores decidieron que Dios iba a levantarle de los muertos. Ellos mantuvieron el cuerpo sin enterrar por varios meses, confiando, profetizando, y declarando que él se levantaría de los muertos el Domingo de resurrección. Finalmente, ellos fueron obligados a enterrarlo por cuestiones legales.

También en la ciudad de Phoenix, Arizona, conocí de una dama que se proclamó así misma como profetisa. Su padre había muerto, y ella había profetizado que él no moriría. Así que cuando él falleció, ella profetizó que él se levantaría de los muertos. Ella lo mantuvo en su casa, envuelto en hielo, esperando su resurrección, hasta que las autoridades le ordenaron que lo enterrara. Luego lo colocó en una camioneta llena de hielo y estuvo huyendo de las autoridades por tres meses, empecinada en profetizar que él sería levantado. Las autoridades finalmente dieron con su paradero y la obligaron a enterrar el cuerpo de su padre.

Hace algunos años en el medio-oeste de los Estados Unidos, varias personas murieron prematuramente. Ellos creían fervientemente en la verdad bíblica sobre la sanidad divina y rehusaban toda medicina y ayuda de doctores. Haciendo esto, ellos procuraban que las personas cumplieran el Logos sin tener la rhema de fe ni la revelación del Espíritu. El resultado fue que convirtieron una verdad en tragedia; una realidad en una religión de reglas rígidas; la fe en una fórmula. Ellos pasaron de ser dirigidos por el Espíritu, a ser dominados por la doctrina; de ser motivados por la fe para recibir, a ser motivados por el temor a desobedecer; de una motivación interna a una motivación de conformidad externa y colectiva.

El Uso Apropiado del Logos y la Rhema — La Profecía Personal y las Declaraciones de Fe. Cada vez que una persona toma una verdad espiritual y trata de cumplirla sin el Espíritu de Dios, se convierte en una "forma de santidad" pero sin la fuerza que la hace una realidad alcanzable. "La letra mata, pero el Espíritu da vida" (2 Co. 3:6). Intentar hacer que el Logos obre sin que exista una rhema, es como tratar de hacer que un auto funcione sin gasolina, o tratar de hacer que la gasolina cumpla su propósito, sin que las bujías funcionen permitiendo un desempeño eficiente. La gasolina, sino está contenida o canalizada apropiadamente, se convierte en una fuerza destructiva. Necesitamos la Biblia, pero también necesitamos al Espíritu Santo para que traiga iluminación e inspiración para la correcta aplicación y cumplimiento de la palabra de Dios.

20

EXHORTACIÓN Y CONCLUSIÓN PROFÉTICA

Después de leer este libro, debe haber llegado a la conclusión de que nuestro Dios es un Dios que habla y sinceramente desea comunicarse con sus hijos en la tierra. Hemos visto como en las Escrituras los profetas y la profecía, siempre han sido los canales primordiales del cielo para difundir los pensamientos de Dios a la humanidad. La verdadera profecía es simplemente Dios hablándole al hombre. Con esta definición, ciertamente, podemos afirmar que la profecía es una cualidad eterna del Dios todopoderoso. La profecía estuvo presente en el Jardín del Edén antes de la caída del hombre. Dios caminaba en el Jardín y hablaba (profetizaba) con Adán y Eva. Adán le profetizó a su esposa que ella sería la madre de todos los seres vivientes. Vemos en el libro del Apocalipsis que Dios sigue "hablando" a la humanidad, aun después de establecer los cielos nuevos y la nueva tierra. Los profetas y la profecía son mencionada seis veces en el último capítulo de la Biblia (Ap. 22).

Diferentes Niveles Proféticos. Hemos descubierto que hay varios niveles proféticos. El mayor es la profecía de la Escritura que se denomina Logos, la Biblia, la Palabra de Dios. Las profecías bíblicas pueden dividirse en dos categorías: las profecías incondicionales o generales y las profecías condicionales o personales. Las profecías incondicionales o generales son las Escrituras Logos que revelan la naturaleza, el carácter y los propósitos de Dios. Estas son decretadas por Dios y se cumplirán en algún momento, algún lugar y por algunas personas. Estas no pueden modificarse.

249

Las profecías condicionales o personales, son mensajes que Dios le ha comunicado a personajes bíblicos y a personas en la actualidad. Estas son palabras proféticas rhema que de acuerdo a como una persona responda pueden ser modificadas. La profecía personal no es un asunto intrascendente, sino que es la fuente principal de las acciones de Dios. *Hay más ilustraciones de la profecía personal en la Biblia que de cualquier otro tema.*

El Único Ministerio Que Se Nos Manda a Procurar. El ministerio profético es el único que la Escritura nos manda que procuremos. "Procurad Profetizar" (1 Co. 14:39). Debemos hacer que el *amor sea* nuestro objetivo y "procurar los dones espirituales, pero sobre todo que profeticéis" (1 Co. 14:1). La profecía representa todas las manifestaciones (los dones). del espíritu Santo, y da a conocer el deseo de Dios, hablando, revelando y sanando.

La Profecía Personal es Parte de los Planes de Dios. La profecía personal no es para que domine la vida de una persona, pero si puede tener un papel muy importante, contribuyendo a que la persona entienda y cumpla la voluntad de Dios. Estudiar el semáforo que regula el tránsito de la **Palabra,** la **Voluntad** y el **Camino** de Dios, es la manera más segura para andar en armonía con el cielo. La profecía personal es como una poderosa fuerza semejante al agua, el viento o el rayo láser. Si es dirigida en la forma indicada, produce grandes beneficios, pero si no es encausada, puede hacer mucho daño.

La Disciplina de los Profetas y la Profecía Dirigida. Aunque los profetas sean un don de la ascensión de Cristo y la profecía personal una obra del Espíritu Santo, hay disciplinas divinas y procedimientos apropiados que deben seguirse. La Profecía es una expresión del espíritu y está sujeta al profeta (1 Co. 14:32). Hay instrucciones que deben obedecerse y hay respuestas adecuadas que deben darse para que la profecía sea efectiva y se cumpla. Estas instrucciones han sido estudiadas ampliamente en este libro, demostrando como la profecía personal se relaciona con cada aspecto importante de la vida, desde tener bebés, hasta los asuntos de vida o muerte.

¡Los Profetas Ya Vienen! Finalmente, hemos aprendido que Dios está levantando una compañía de profetas en estos últimos días. Ellos prepararán el camino para la segunda venida de Cristo, así como Juan el Bautista preparó el camino para la primera venida de Cristo. Ellos prepararán el camino iluminando las Escrituras que el Espíritu Santo ordene restaurar y activar en la Iglesia. No hay forma de que Cristo regrese antes que todas las Escrituras declaradas por los profetas se hayan cumplido. Jesús está retenido en el cielo hasta que... (Hch. 3:21).

El Propósito de Dios para los Profetas. Los profetas han sido ungidos para "preparar a un pueblo bien dispuesto", purificado y perfeccionado para el propósito eterno de Dios. Los profetas no solo predican el Logos, sino que ministran la palabra rhema al pueblo. Ellos son ministros del Nuevo Testamento que pueden ministrar el Espíritu de Dios, de la misma manera que pueden ministrar la Palabra de Dios (2 Co. 3:6).

Los profetas tienen un llamado específico y poseen la unción para activar lo espiritual, la sensibilidad al espíritu y los dones espirituales en los santos. *Los profetas* pueden activar los dones del Espíritu en los santos de la misma forma que *los evangelistas* pueden activar el don de la vida eterna en los pecadores. Un evangelista, predica la palabra de verdad sobre la salvación, luego solicita que pasen adelante y repitan la oración del pecador. Después declara que aquellos que respondieron han recibido el don de vida eterna.

Nuestras Únicas Pruebas son la Palabra de Dios y el Espíritu Santo. Piense como llegó a su estado actual. ¿Ha nacido de nuevo, nacido de lo alto, nacido en el Reino por el Espíritu de Dios? ¿Sabe que es un hijo de Dios? ¿Cómo sabe de verdad que es un hijo de Dios, y no sólo alguien convertido a una religión? Únicamente, hay dos maneras de saber con plena certeza: 1) El Conocimiento de *la Palabra de Dios,* el Logos, 2) El testimonio del *Espíritu Santo,* la palabra rhema. Juan dijo, "Estas cosas os he *escrito* a vosotros que creéis en el nombre del hijo de Dios, para que *sepáis* que tenéis vida eterna, y para que creáis en el nombre del hijo de Dios." (Ro. 8:16).

Conocimiento por la Fe vs. Entendimiento Natural. Cuando estamos en el sitio correcto, haciendo lo correcto, oyendo y hablando las palabras correctas, el Espíritu dará testimonio de la voluntad y dirección de Dios. Las palabras no son el único medio de comunicación; el Espíritu tiene su propio lenguaje y nos permite conocerle sin apoyarse en el conocimiento natural. La fe es una cualidad del Espíritu, y nuestro espíritu redimido puede saber con seguridad mucho antes que nuestro entendimiento pueda captarlo.

Aprendiendo el Lenguaje de Nuestro Espíritu Redimido. Este es el día y hora en que los cristianos deben aprender el lenguaje del espíritu para poder entender lo que el Espíritu intenta decirnos en un lenguaje sin palabras. Por este motivo, nuestra organización — Christian International (CI) — organiza "Las Escuelas de Espíritu Santo" para enseñarle a los santos como discernir entre la dimensión del alma y la dimensión espiritual. Solo el Espíritu Santo puede iluminar la Palabra de Dios y separar el alma del Espíritu (He. 4:12). Así que los santos deben permitir que la Palabra y el Espíritu Santo hagan su obra en ellos, ejercitando sus sentidos espirituales.

Los santos deben ser capacitados en estos asuntos. Para ello, tenemos lo que llamamos "Talleres de Entrenamiento y Ejercicios Espirituales." Pablo enfatizó esta necesidad en su discurso sobre como alcanzar la madurez: "El alimento sólido pertenece a aquellos que son maduros, a los que por *el uso* tienen *sus sentidos ejercitados* para *discernir, el bien y el mal*" (He. 5:12–6:3). Esto debe ser más que el mero conocimiento bíblico intelectual; incluye el desarrollo apropiado de los sentidos espirituales para discernir y dar testimonio del Espíritu.

Los Seminarios y Conferencias de Profetas. He organizado Seminarios de Profetas en Christian International y Conferencias de Profetas en Iglesias por todo el mundo, explicando, ampliando y realzando el ministerio del profeta. El presbiterio profético está disponible para todos los asistentes a los Seminarios de CI, brindándoles así los beneficios de la profecía personal. Los Seminarios de Profetas fueron creados para educar y activar a los que han sido llamados al ministerio profético. Sin embargo, este avivamiento final mundial no será logrado por unos pocos ministros, sino que *"los santos tomarán el reino"* (Dn. 7:8,27).

Capacitando a los Santos para Reinar y Gobernar. En estos días Dios está levantando no solo una compañía de profetas con sensibilidad espiritual, sino también una compañía de creyentes. Ellos se convertirán en las joyas de la corona de Dios y regresarán con él para diferenciar entre el justo y el malvado (Mal. 3:16–4:3). Ellos se sentarán con Cristo en su trono de juicio, cuando Él reúna las naciones y separe las ovejas de los cabritos. Ellos gobernarán esas naciones con vara de hierro. Ellos podrán discernir con rectitud y ejecutar los juicios de Dios (Ap. 2:26,27; Mt. 25:31–33; Sal. 149:6–9).

Tiempo de Perfeccionar — No Preservar. Creo que es hora de que los cinco ministerios dados por Cristo cumplan el mandato de perfeccionar, capacitar y madurar a los santos. Los pastores deben abrir "el cuarto de los niños", donde han escondido a los santos para mantenerles inocentes y conservados. Dios nunca dijo que se debía conservar a los santos, pero si manifestó que los santos deben ser perfeccionados para alcanzar *madurez* y *pureza*, siendo productivos y a la misma vez protegidos.

Los santos deben aprender a experimentar, y ejercitar el discernimiento espiritual; no debemos animarles a escapar del entrenamiento. Los ministros deben sacarles de ese cuarto oscuro que es la mentalidad sobre protectora, que no aprovecha, para que los santos sean expuestos a la luz de la sensibilidad y madurez espiritual. Los pastores y maestros no pueden alimentar a los santos solo con la leche de la Palabra; ellos deben comenzar a darles la carne en la enseñanza y oportunidades de ejercitar sus sentidos espirituales hasta que ellos aprendan a discernir por sí solos. "¿A quién enseñará ciencia, o a quién se hará entender doctrina? ¿A los destetados o a los separados de los pechos?" (Is. 28:9). El propósito principal de los cinco dones ministeriales de Cristo es lograr que los santos sean preparados en el ministerio, dispuestos para reinar y capacitados para gobernar" (Ef. 4:11–15).

La Madurez Espiritual — Una Prioridad. Los santos deben aprender como discernir y dar testimonio de lo que es correcto doctrinalmente. Pero también, deben aprender a discernir entre el *espíritu* de verdad y el *espíritu* de error, entre las profecías ciertas y las profecías falsas, entre los ministros verdaderos y los ministros falsos. Deben discernir entre su propia alma y espíritu para que puedan ser guiados por el Espíritu Santo y reconozcan el momento cuando el Espíritu Santo da testimonio a su espíritu. La madurez cristiana y la sensibilidad espiritual no son una opción. Son una necesidad absoluta para todos los que anhelan ser más que vencedores en estos últimos días.

¡Otros Libros Que Vienen Pronto!
por
El Dr. Bill Hamon

Profetas y el Movimiento Profético

Una vista completa del movimiento profético y su propósito y lugar en el cumplimiento del destino de Dios para su iglesia. En este libro encontraran los siete principios para determinar un verdadero movimiento de restauración de Dios. En este libro son presentados estándares para dicernir las diferencias entra las manifestaciones sobrenaturales de verdaderos profetas de la Iglesia y aquellos envueltos en la nueva era, el ocultismo y otros grupos que manifiestan lo sobrenatural.

Profetas Trampas y Principios

Este libro revela las actitudes de hierbas malas, los errores de caracter, y problemas que encontramos en las vidas de varios profetas de la biblia.
Las 10 M´s para mantener y madurar nuestras vidas y ministerios estan anotadas y explicadas.
Respuestas son dadas para diecinueve de las más comunes pero complicadas preguntas hechas acerca de los profetas y la profecía personal.

El cumplimiento De Su Profecía Personal

Pastores, asegúrecen que todos sus líderes y miembros tengan su propia copia de este ibrito.
Todos los que han recibido una profecía personal de Dios necesitan este librito.

¡Este Librito Esta Listo!

Seminarios Sobre Los Dones Del Espíritu Santo

Estos seminarios conducen a los santos del ámbito de la teoría a una realidad práctica y viva de la gracia de Dios. Aprenderán como ser hacedores de la palabra y no solamente oidores. Estos seminarios ayudan a enseñar, entrenar, manurar y desarollar a los santos en sus dones del Espíritu, al mismo tiempo ayudando al liderazgo a preparar a santos calificados para ser usados en varias areas de ministerios de equipo.

Pastores:

Estos seminarios:
- Activarán los dones y ministerios de los santos, proveyendo ensenanza y práctica.
- Edificarán confianza y denuedo en los santos para ministrar, por medio de las activaciones, eso es, cuando se ministren los unos a los otros lo que han aprendido.
- Desarollarán y maduraran a los creyentes en los dones del Espíritu sin producir a personas o ministros extráños, bizarros o superespirituales.
- Profundizarán y fortalecerán la relación de los creyentes para con Dios cuando sean enseñados y retados a oir **SU VOZ**.
- Proveerán oportunidades para que los miembros de su iglesia reciban credito de colegio atravez de la **Escuela de Teología Cristiana Internacional**.

Para mas información acerca de los seminarios, la Red Hispana Cristiana Internacional o material escrito:

Christian Internacional Hispanic Network
Red Hispana Cristiana Internacional
P.O. Box 9000
Santa Rosa Beach, FL, 32459 U.S.A.
(850) 231–2600 ext. 507
E-mail: cihn@cimn.net